大夏书系 · 名家谈教育

教育，整个生命投入的事业

——童庆炳教育思想文萃

吴子林/组编

华东师范大学出版社
全国百佳图书出版单位

图书在版编目（CIP）数据

教育，整个生命投入的事业：童庆炳教育思想文萃 / 吴子林组编 .—上海：华东师范大学出版社，2016

ISBN 978－7－5675－5509－9

Ⅰ. ①教… Ⅱ. ①吴… Ⅲ. ①教育—文集 Ⅳ. ① G4–53

中国版本图书馆 CIP 数据核字（2016）第 159277 号

大夏书系·名家谈教育

教育，整个生命投入的事业：童庆炳教育思想文萃

组　　编　吴子林
责任编辑　任红瑚
封面设计　淡晓库

出版发行　华东师范大学出版社
社　　址　上海市中山北路 3663 号　邮编　200062
网　　址　www.ecnupress.com.cn
电　　话　021－60821666　行政传真　021－62572105
客服电话　021－62865537
邮购电话　021－62869887
地　　址　上海市中山北路 3663 号华东师范大学校内先锋路口
网　　店　http://hdsdcbs.tmall.com

印 刷 者　北京季蜂印刷有限公司
开　　本　700×1000　16 开
插　　页　1
印　　张　15
字　　数　160 千字
版　　次　2016 年 8 月第一版
印　　次　2016 年 8 月第一次
印　　数　6 100
书　　号　ISBN 978－7－5675－5509－9/G·9698
定　　价　36.00 元

出 版 人　王　焰

目 录
CONTENTS

三 学习的智慧

四 学为人师，行为世范

五 审美人生

附 录

序

童庆炳（1936—2015），福建连城人，中国共产党优秀党员、著名文艺理论家、美学家、教育家、北京市劳动模范（1985、2004）、全国模范教师、中央马克思主义理论研究与建设工程文学组首席专家、国家级重点学科学术带头人、教育部人文社会科学重点研究基地北京师范大学文艺学研究中心首任主任、北京师范大学资深教授、博士生导师。

童庆炳先生教泽宏、深、远。在北师大执掌教鞭60载，先生不仅培养了博士生80余人，带出了文艺学界一支赫赫有名的“童家军”；还指导过许多著名作家，如莫言、余华、刘震云、毕淑敏、迟子建、严歌苓、刘恪……如果把这个名单一一列出来，几乎占据了中国当代文坛的半壁江山。可以说，童庆炳先生是当代学术界和教育界屈指可数的高峰人物。

有人称，童庆炳先生是中国当代文坛的“教父”。他解释说，应该这么理解：“我是他们父辈的指导教师。”

童庆炳先生是一个真正的师者。

1984年，童庆炳先生刚从北京师范大学中文系副主任的位置退下来，学校让他当研究生院常务副院长，他被行政工作套上了“枷锁”，十分繁忙。不久，学校准备提拔童庆炳做副校长，但他不想做。

1985年，北师大校长王梓坤，还有中组部的工作人员，找童庆炳先生谈话，想请他到教育部出任基础教育司的司长，还加上一句——后面还有更重要任用。他同样拒绝了。

1986年，教育部缺一个管文科的副部长，在北京、上海、南京等城市搞民意测验，结果童庆炳先生排在最前面。教育部的人到他家里，说这一次你无论如何不能拒绝。童庆炳先生说："你们不要来说了，我对当这官没有太大的兴趣。"为什么不愿意呢？他说："如果我走当官那条路的话，也许我会得到很多利益，但是我就把学问丢了，把学生丢了。这是我不愿意的主要原因。"①

童庆炳先生终生奉行用生命教学、以生命育人的教育理念和思想。他说过："教师的生命是宝贵的。他的工作，不仅仅是用话语，是用全部心灵，是用全部生命，是整个生命的投入。他的生命永远属于他的学生。"②

一个老师的荣光源于培养了足以超越自己的一批学生。

2015年5月20日，童庆炳先生为北师大文学院师生作了最后一次讲演，题目是《做"四有教师"，为党和人民培育英才》。先生坦言："我今年80岁了，我从始至终认为，我就是一名普通的教师。尽管我有很多著作，但是，我看重的第一位的东西就是，我是一名教师。"谈到自己培养的80多位博士生，先生骄傲地说："我培养的这些学生，没有一个是贪污犯，没有一个是腐败分子。这是我为他们感到骄傲的地方。我认为自己一生的意义之所在，就是我是这些学生的老师，我指引他们走向生活，走向社会，走向自己的职业岗位，而且他们在那里为人民为祖国为党做出了自己的贡献，这是我为之骄傲的事。"

人们清晰感受到了一个"四有老师"的真正自豪！

2015年6月14日，天空洁净、碧蓝如洗。在"征服"金山岭长城的归途中，童庆炳先生心脏病突发，经抢救无效，于18时18分逝世，享年80岁。

6月18日上午9时许，八宝山革命公墓庄严肃穆，哀乐低沉萦回。"方

① 童庆炳：《当官好还是当老师好？》，《南方周末》2015年6月18日。

② 童庆炳：《教师：用生命抒写职业的人》，《中国教育报》2006年3月6日。

而不割廉而不刿夫子人格宜为天下楷，仰之弥高钻之弥坚先生学识堪称百代师。”这副挽联悬挂在童庆炳先生追悼会吊唁厅的大门上，寄托了大家对童庆炳先生的哀思，也是对这位文艺学界领军人物之人格与学识最为恰当的评价。

童庆炳先生是我的授业恩师，在先生离开我们的日子里，每每念及先生的恩泽，不禁潸然泪下。正如德国哲学家雅斯贝尔斯所云：“教育是人们灵魂的教育，而非理智知识和认识的堆积。教育的本质是：一棵树摇动另一棵树，一朵云推动另一朵云，一个灵魂唤醒另一个灵魂。”为便于人们全面了解、研究先生的教育思想，本书从“教育改革新思维”“教学的艺术”“学习的智慧”“学为人师，行为世范”和“审美人生”等方面，精心编选了童庆炳先生的25篇文章；此外，还附录了由先生主笔的《高中语文必修课程设计思路与框架》，还有本书编者撰写的《童庆炳：作为教育家的文艺理论家》，以立体呈现童庆炳先生的教育思想和教学实践。人们当能从中体会到先生之于中国教育事业改革的拳拳之心，并受益良多。

是为序。

吴子林

2016年2月16日于北京不厌居

一 教育改革新思维

语文教学与审美教育

从美育的高度看待语文教学

应该从怎样的高度看待中学的语文教学呢？可以有两个高度。第一个高度，认为语文教学的基本任务是通过教育活动，使学生能读会写，培养学生的语文能力。长期以来，所有的中学考试都是从读与写方面出题，而中学的语文教学也总是随着考试的指挥棒转，从课文的字、词、句、篇章结构、主题思想、段落大意、写作特点等方面来展开教学活动。而且，这一切都有严格的规范，不能越雷池一步。这都是从培养学生的语文能力这一高度看待语文教学的必然结果。从这一高度来看待中学语文教学诚然是必要的，不可或缺的，但我以为还不够。中学的语文教学不仅要培养学生的语文能力，而且还要为培养德、智、体、美、劳全面发展的人，肉体与精神、感性和理性和谐发展的人，尽一份力量。

语文教学可以而且应该同马克思提出的共产主义的理想联系起来。马克思的共产主义理想，从根本上说，就是关于人的理想。马克思、恩格斯生活在资本主义原始积累时期，他们深刻地看到，资本主义条件下，工人的劳动已变成了“异化劳动”。“劳动者生产的财富越多，他的生产的能力和规模越大，他就越贫穷。劳动者创造的商品越多，他就越是变成廉价的商品。随着实物世界的涨价，人的世界也正比例地落价。”（马克思：《1844年经济学—哲学手稿》）由于这种异化劳动，劳动所产生出来的产品，对劳动者来说，不但不感到亲切、亲近，相反，被视为“异己的东西”。因为他们劳动的产物都被资本家掠夺去了，结果“劳动者在自己的劳动中并不肯定自己，而是否定自己，并不感到幸福，而是感到不幸，并不自由地发挥自己的肉体力量和精神力量，而是使自己的肉体受到损伤、精神遭到摧残”。更进一步说，劳动者“只是在执行自己的动物机能时，亦即在饮食男女时，至多还在居家打扮等等时，才觉得自己是自由地活动的，而在执行自己的人的机能时，却觉得自己不过是动物。动物的东西成为人的东西，而人的东西成为动物的东西”（同上）。这样，人变成非人，人也就“自我异化”。劳动者“自我异化”了，那么，资产者是否就不异化呢？不。资产者的人性也片面化。即他们富了还想更富，他们欲壑难填，他们的精神完全被享有感、拥有感、占有感所控制。打个比方说，劳动者在异化劳动中变成了任人宰割的羊，而资本家则变成了贪得无厌的狼，人——包括劳动者和资本家——都变成了非人，都变成了动物。这是多么可悲的事啊！马克思、恩格斯正是从人的这种悲剧命运出发，提出了消灭私有制，提出了共产主义的理想，因为正是私有制使人异化，而共产主义则要在消灭私有制的条件下，使人重新成为人，成为“全面的人”“丰富的人”。如果我们认真查找的话，马克思的第一个共产主义定义是这样下的：“共产主义是私有财产即人的自我异化的积极抛弃，因而也是通过人并且为了人而对人的本质的真正占有；因此，它是人向作为社会的人即合乎人的本性的人的自身的复归，这种复归是彻底的、自觉的、保存了以往发展的全部丰富成果的。”（同上）这也就是说，共产主义的理想从根本上是为了人，为了人而“对人的本质的真正占有”，为了“合乎人的本性的人的自身的复归”，换言之，克服人因异化而产生的人的残缺化、片面化、贫弱化，使人走向全面化、完整化、丰富化。当然，要使全人类达到这一崇高、美好的目标，从根本上说是要改造社会，变革社会，彻底地消灭私有制，铲除人的异化产生的根源。

但是，共产主义的实现还是遥远的事情。在美好社会到来之前，人类怎么办？难道就让人的异化、残缺化、片面化任其恶性地发展下去吗？当然不会。人类已采取了各种各样的社会实践来逐步克服和减轻这种人的异化的势头。其措施之一就是积极地推行审美教育（简称美育）。审美教育自古就有人提倡。如在中国古代，孔子曾提出“文、行、忠、信”（《论语·述而》）四教，主张将礼、乐、射、御、书、数这“六艺”列为学校教育科目，这相当于我们今天的德、智、体、美四育相结合的思想。其后，荀子提出“美善相乐”的思想，认为“礼乐之经，管乎人心”，有“美政”“美人”和“美俗”的功能。又如在西方，古希腊的柏拉图也认为人所耳濡目染于艺术，就会“浸润心灵”，融美于心灵，使心灵美好起来。亚里士多德则提出影响很大的“净化”说，认为文学艺术有“净化”人的心灵的功能。古罗马时期的贺拉斯也提出过“寓教于乐”的理论。上述这些都可视作审美教育的思想萌芽。

真正把审美教育与人性的完善联系起来，并建立起一整套理论的是近代德国伟大的思想家、作家席勒。席勒生活于18世纪，他在人类的工业文明刚刚露出曙光之际，就一针见血地指出工业文明可能带来的弊病。他说：“现在国家与教会，法律与习俗都分裂开来，享受与劳动脱节、手段与目的脱节、努力与报酬脱节。永远束缚在整体中一个孤零零的断片上，人也就把自己变成了断片了。耳朵里所听到的永远是由他推动的机器轮盘的那种单调乏味的嘈杂声，人就无法发展他生存的和谐，他不是把人性印刻到他的自然（本性）中去，而是把自己仅仅变成他的职业和科学知识的一种标志。”（《美育书简》）现代工业发展带来的某些弊病，证实了席勒的论点。现代工业的一大特征，就是分工过细，在工业流水线中，每一个工人都被束缚在一个工序上，成年累月重复着同一个动作，人成为了机器的一部分，人的全部的知、情、意的潜能都被抑制，人就这样走向单一化、残缺化、片面化（马克思早期的思想显然受到过席勒的影响，他对“劳动异化”“人的异化”的分析与席勒的论点是一致的）。席勒针对人的单一化、残缺化提出了审美教育要全面发展人的感性与理性，他认为感性的人只有经过审美教育，变为审美的人，最终才能成为道德的人，即全面的人、丰富的人。

席勒的呼喊在近现代中国也有人响应。最早起来响应的是王国维，他在《论教育之宗旨》一文中，把教育分为两大块，即“心育”和“体育”。“心育”包括德育、智育、美育，认为“完全之人物不可不备真善美之三德，欲达此理想，于教育之事起。教育之事亦分为三种，智育、德育（即意志）、美育（即情感）是也”。近代另一思想家、教育家蔡元培也十分重视美育，他在《以美育代宗教说》中主张用美育代替宣扬封建伦理的礼教和西方的基督教，使人在知、情、意三个方面都能得到全面发展。概而言之，审美教育参与人的建设的过程，着重从感知、情感、想象等方面来开发人的潜能，使人的感性和理性、肉体与精神得到和谐的发展。新中国成立以来，我们是重视美育的，在中小学都普遍开设音乐、图画等课程。但若以为中小学的美育仅仅与音乐课、图画课有关，与语文课无关，那就错了。

实际上，美育，特别是深层次的美育，与语文教学的关系极为密切。中学语文教材中有许多文学名著，它们是真正的艺术品。它们具有极强的审美特性，它们是对学生进行美育的最好的教材。因此，通过语文教育对学生进行审美教育，培养学生的审美观点、审美趣味和审美能力，是语文教学固有的要求，而不是外加的任务。而且，通过语文教学进行审美教育和通过语文教学培养语文能力，并不矛盾，相反是互相促进的。因为成功的审美教育可以使学生的感知、情感、想象、理解等心理机能处于活跃的状态，这无疑可以使学生全身心投入到语文能力的掌握中去，促使语文能力的更快提高。

语文教学中的美育任务

目前，在我们的语文教学中，存在着对美育的排斥现象。前几年，我带了 12 个学生到一所中学去实习。有一位能力很强的学生讲一篇初三课本上的短小的抒情美文，结果却讲砸了，她的学生们在听讲时一个个像小木偶似的，对她的讲解反应极为冷淡。事后我们一起分析失败的原因。我告诉她，这是一篇洋溢着细微情感的散文，或者说是一篇美文，审美性很强，而你却完全看不到它的特点，就像分析一篇社论那样，让学生抄你归纳出来的主题思想、段落大意、重点词语和干巴巴的几条写作特点，你完全没有把学生领进到散文所描写的情景中去，没有把学生领到那极为美丽的艺术世界中去，学生怎么能对你的课发生兴趣呢？

我建议这个实习生重讲一遍，把这篇散文主要当作美育教材来讲。可以把散文分成由表到里三层，第一层是语音层，此篇散文虽不是诗，却有鲜明的节奏和优美的语调，因此一定要朗诵好，因为这篇散文的音调本身对学生就有吸引力和感染力；第二层是景、情层，可通过师生对话的方式，让学生了解到这篇散文写了什么景，又传达了什么情，情与景又怎样交融在一起，让学生领略到其中的诗意；第三层是哲学意味层，要通过教师的启发，使学生从散文所描绘的情景世界，去品味散文中更细微、更深刻的意味。我的这个实习生按我设计的以美育为中心的教学方式，重新将此课文讲了一遍，结果获得了成功，学生的反应极为热烈。

事后我们又作了进一步的总结，成功之处在两点：第一，我们把美文当美文来讲；第二，教学方式选择得当，使学生的感知、情感、想象、理解等一切心理机能始终处在活跃状态，因此学生的学习积极性被充分调动起来了。在总结之后，我的实习生和我长久地讨论一个问题：为什么当她用抑扬顿挫和动人的语调开始朗读课文时，教室里就突然安静下来，而且学生们都能聚精会神地听她朗诵，甚至有的学生因感动而眼噙着泪花？难道声音真有如此巨大的力量吗？我们得出了肯定的答案。

文学作品作为认识和审美交融的产物，是一种层次结构。中国古代文论对此早有论述，庄子就提出过言与意的关系问题，他说："世之所贵道者，书也。书不过语，语有贵也；语之所贵者，意也。意有所随；意之所随者，不可以言传也。"（《庄子·天道》）庄子这段话的意思在于提出不尽意的命题，但从另一方面看，他实际上提出了作品中言与意的两个层次及其关系的可贵思想。到了魏晋以后，王弼在继承庄子“言意”说的基础上，又提出了“象”的概念。他说：“夫象者，出意者也。言者，明象者也。尽意莫若象，尽象莫若言。言生于象，故可寻言以观象。象出于意，故可寻象以观意。”（《周易·略例》）尽管王弼不是谈文学作品，但他的思想对我们有启发。这就是说，在作品的言和意之间还有一个“象”，这样就构成了作品的由表及里的言、象、意的三层结构。

在西方，现代波兰现象学派的文艺理论家英伽登（R.Ingarden）把文学作品分成由表及里的五个层面：第一层面是声音层面，基于这一声音层面产生了第二层面，即意义单元的组合层面，即每一句法结构都有它的意义单元。在这种句法的结构上产生了第三层面，即要表现的事物，也就是小说家的“世界”、人物、背景这样一个层面。第四层面是所谓“观点”的层面，即文学作品中“世界”的层面是从一个特定的观点看出来的。第五层面是形而上性质层面，如其中所表现的崇高、悲剧性、喜剧性、神圣性，通过这一层面使作品可以引人深思。（参见韦勒克、沃伦：《文学理论》）英伽登的作品层次论与中国古代的言、象、意论都把作品分成由表及里的层次结构，中西在作品结构的思路上有相似之处。

我在这里之所以介绍作品的层面结构，与我们正在谈论的语文中的审美教育的实施密切相关。因为作品的每一个层面都作为美而存在着，语文教师可以而且应该抓住作品每一个层面的美质，展开教学活动，使美质像细雨一般渗入孩子们的心田。就以作品的最表层的声音来说吧，其中的美的力量是能震撼人心的。我们古人为什么提倡吟诗，就是因为他们感觉到了声音作为一种美对诗来说，是极重要的，所以要把它吟诵出来，使声音能作用于我们的听觉而产生感情的反应。汉语是一种具有高度美质的语言。古代诗歌那么严格规定诗词的韵律，从根本上说，就是要借助声音的艺术力量，使诗词变得更有魅力。我国语言学界的前辈、著名语言学家赵元任先生，曾举过一个汉语诗韵辞十分微妙的例子，即唐代诗人岑参《白雪歌送武判官归京》的头四句：

北风卷地白草折，
胡天八月即飞雪。
忽如一夜春风来，
千树万树梨花开。

赵先生说："这四句诗用官话来念，押韵的字'折'和'雪'，'来'和'开'没有什么特别的地方。可是用属于吴语的我家乡方言常州话来念，由于古代的调类保持得比较分明，头两句收迫促的入声和后两句收流畅的平声（这种低平声只用于吟哦），这种变化暗示着从冰天雪地到春暖花开两个世界。换句话说，这是韵律象征内容。"（赵元任：《谈谈汉语这个符号系统》）当然，像这种以声音象征情景的变化的用法，在汉语中还较少见。汉语声音的优美与西语相比，还在于汉语除了有语调之外，还有富于表现力的字的阴阳上去的声调，用赵元任的话来说，"字调和在语调的起伏上面，很象海浪上的微波，结果形成的模式是两种音高运动的代数和"（同上）。由此不难看出，仅就语音的角度看，汉语是一种具有丰富的美的资源的语种。

我们在上语文课时，完全应该充分地利用汉语的这种美质，有声有色地朗读一篇课文，其声音的表现力就足以引起学生的注意力和感情反应。这也就不难理解，我带的那位实习生为什么在朗读了那篇优美的散文后，就紧紧地抓住了学生的心。除语音层外，文学作品的其他层面，如意义单元层、表现的事物层（即艺术形象层）、"观点"层、形而上性质层，都作为一种美而存在，都具有丰富的美质，在这些层面都是语文教师充分施展美育的天地，问题在于我们会不会利用它。换言之，文学作品的每一层面都有美，语文中的文学作品本身，为审美教育提供了最好的条件。利用语文课进行审美教育是完全可能的。

那么，语文教学所担负的美育的任务是什么呢？一谈到美育，大家立刻就会想到，要指导学生分辨美和丑，这种看法自然是不错的。但我以为帮助学生分辨美和丑，培养这方面的能力，还是美育中表层的任务，更重要的更深层的任务是要通过语文教育，培养学生的敏锐的感知力、丰富的情感力、独特的想象力和深刻的理解力。感知力、情感力、想象力和理解力这是学生的最基本的素质。现在的情况是，我们的学生感知力很差，书可以背得很熟，但他们的眼力不够，听力不够，不能直接从生活中看到应该看到的事物，听到应该听到的声音。我们的学生感情不够丰富，对微妙的刺激不能作出恰到好处的感情反应，甚至该哭时哭不起来，该笑时笑不起来。我们的学生缺少想象力，常被实在的事物束缚住，不会幻想。我们的学生理解力也还较差，对问题只限于直线式的理解，拐一弯儿就理解不了。

应该认识到，并非搞社会科学的人才需要感知力、理解力等，并非搞人文学科的人才需要情感力、想象力等。一个人不论从事任何一种职业、任何一种专业，都需要作为一个富于创造力的人所必须有的感知力、情感力、想象力和理解力。就以诗和数学来说吧，似乎是相距甚远的两种专业，数学最重要的工作是要从无序中寻找秩序，诗则要从平凡的生活寻找美，表面看起来，诗与数学无关。其实不然。有的学者指出：数学与诗虽然处于两端，但它们还是一致的。原来数学所追求的不仅是秩序，还有美；而诗所寻求的不仅是美，还有秩序。真正的数学家不仅会解题，而且要解得美，解得漂亮。19世纪俄国伟大的女学者科瓦列夫斯卡娅说过：“不能在心灵上作为一个诗人，就不能成为一个数学家。”

世界上许多最伟大的科学家，都是一些对文学艺术入了迷的人。例如爱因斯坦作为一位伟大的科学家，他对文学艺术的爱好是十分令人感动的。他自己就会拉小提琴，而且拉得极好。他在紧张地思考广义相对论和光量子假说的时候，每当遇到困难，他就拉起小提琴。那优美的、和谐的、充满想象力的小提琴曲，有助于他对科学难题的深思。除音乐外，他还十分热爱文学，莎士比亚、歌德、海涅、陀思妥耶夫斯基和萧伯纳的作品，都是他喜欢读的。他甚至说："陀思妥耶夫斯基给予我的东西比任何科学家给予我的都要多。"科学与艺术有相通之处，它们之间有互补性。科学家在某种意义上甚至比社会科学家、文学家、艺术家更需要感知力、想象力和理解力。当科学家为争取自己的成果得到人们的承认时，也需要投入巨大的情感。

总之，感知力、情感力、想象力和理解力是人的基本素质，人的这四种力越高，人的素质也就越高，也就越具有创造力。因此，美育（包括通过语文教学所进行的美育），不仅与塑造人的美好的心灵相联系，而且也与提高人的创造力相联系。从这个意义上，语文教师的工作是极为光荣的，他们雕塑人的灵魂，开发人的潜能，他们通过教学创造美好的明天。

美育不妨碍语文能力的培养

语文教学要进行审美教育，就不能不对多年形成的语文教学模式进行必要的改革。那种"释词—分段—概括段落大意—归纳中心思想—提示写作特点"的固定模式，对一般的议论文的教学也许是合适的，但对美文的教学可能就不合适。如前所述美文可以分为由表及里的几层，愈是里层，其诗意就愈浓厚，其意蕴就愈深刻，这种诗意、意蕴统统是只可意会不可言传的。目前形成的这种教学模式，只能把美文的表面的文意解释出来，不可能把深层的意味、意蕴挖掘出来，因而也就无法调动学生的感知、情感、想象、理解等心理机能，美育的任务也就提不出来。我的想法是这样，如果教师面对的是美文，那么就要以审美教育为中心来组织教学。美文千差万别，我们教学的模式也就不可千篇一律。要根据每一篇美文的特点，采用灵活的方式，切入到美文的深层里去，不但要让学生知道"文意"这一层，还要让学生知道"好处"（即言外之意、韵外之致、味外之旨等）这一层，使学生的一切心理机能都充分地、自由地活跃起来，使学生真正进入"寂然凝虑，思接千载；悄然动容，视通万里；吟咏之间，吐纳珠玉之声；眉睫之前，卷舒风云之色”（《文心雕龙·神思》）的境界。

那么，这样做会不会妨碍学生语文能力的提高呢？我认为是不会的。首先，当一个教师真的能做到把美文当美文来讲，重视审美教育，那么这种课必定是生动的、活泼的、形象的、充满感情，这就使学生感到上语文课一点也不枯燥，相反他们会感到兴味盎然，这就能调动学生学习语文的最大的积极性和自觉性。

其次，也是更重要的一点，以美育为中心来组织语文教学，并不是不重视对课文的字、词、句、篇章结构的分析，而是把这种分析从表层的文章解释，推进到深层的意味、意蕴的审美理解。因为所谓通过语文教学进行审美教学，也不是要教师脱离开课文的文本，去空讲什么是美，什么是丑，完全不是这样做。在语文教学中理想的审美教育，仍然是要求教师紧密地结合课文，结合课文的字、词、句来展开教学，不是空对空讲大道理。对字、词、句的理解不但要解释文内意，而且还要解释文外意，即司空图所讲的“咸酸之外”的“味”。这里我们可以举个例子，鲁迅的小说《祝福》是中学语文的传统教材之一，按审美教育的要求，就必须对其中一些富于表现力的字、词作出富于深刻内涵的解释，如其中有这样一段描写：

> 他是我的本家，比我长一辈，应该称之曰“四叔”，是一个讲理学的老监生。但比先前并没有什么大改变，单是胖了些，但也还未留胡子，一见面是寒暄，寒暄之后说我“胖了”，说我胖了之后即大骂其新党。但我知道，这并非借题在骂我：因为他所骂的还是康有为。但是，谈话总是不投机的了，于是不多久，我便一个人剩在书房里。

这段话的“剩”字可以说是“文眼”，很有讲头。老作家汪曾祺在《关于小说语言》一文中说，假如要编一本鲁迅字典，这个“剩”字将怎样注释呢？除了注明出处（把前引的一段抄上去），标出绍兴话的读音之外，大概只有这样写：

> 剩是余下的意思。有一种说不出来的孤寂无聊之感，仿佛被这世界所遗弃，孑然地存在着了。而且连四叔何时离去，也都未觉察，可见四叔既不以鲁迅为意，鲁迅也对四叔并不挽留，确实是不投机的了。四叔似乎已经走了一会了，鲁迅方发现只有自己一个人剩在那里。这不是鲁迅的世界，鲁迅只有走。

这样的注释，行吗？推敲推敲，也许行。这是一个很典型的例子，一个“剩”字，汪曾祺不但解释了它的表层意思，而且进一步根据鲁迅小说全篇的立意，根据上下文的关系，把“剩”这个字在这里所包含的感觉、情感、意蕴等都全部透彻地作了诗意的解释，这样一种解释就是审美学的解释，它包含了我们普通意义的解释，又超越了这种解释。这样地去读作品去讲作品，不是更能培养和提高学生的读写能力吗？因为这样的教学，不但可以引导学生读懂了作品，而且可以帮助学生读“透”作品，不但可以引导学生写得合乎规范，而且可以帮助学生写得含蓄、蕴藉。由此可见，在语文教学中加强审美教育，把美文当美文来教，不但不会妨碍学生语文能力（主要是读写能力）的提高，而且可以促进语文能力的提高。

通过以上分析，我们可以看到，在语文教学中加强审美教育应该成为语文教学改革的一个方向。

（《北京师范大学学报》1993年第5期）

语文教学与人的建设

长期以来我国中学的语文教学一直存在着不利于开发学生潜力的极为刻板的模式。我曾经多次带学生下中学去实习，对此种刻板的固定的教学模式有深刻的体会。我曾把它列为一个“公式”，即：释词——分段——概括段落大意——归纳中心思想——提示写作特点。问题的严重性在于不仅一般的文章要按这个固定的模式进行讲解，语文教材中大量的文学作品，即所谓的美文，也完全不顾文学作品的审美特性，照样生硬地纳入这个模式进行讲解。更为严重的问题是，上述固定模式的讲法也是由某些权威机构出版的《语文教学参考资料》规定好的，得按规定去讲，不能越雷池一步。就这样，一篇篇生动的、具体的、充满感情力量而又有丰富思想内涵的作品竟被那个模式机械地宰割了。我这里描述的情况是大体不错的。毋庸置疑，有部分语文教师的教学之所以受到学生的欢迎，主要不是超越这个模式，而是由于个人的才能在此模式内的某个环节发挥得好，讲得比较生动感人，符合了文学的审美特征。很显然，这样一种刻板的教学模式，既不利于调动学生学习语文的积极性，也不利于发挥语文教师的教学主动性和才能。许多有才华的大学中文系本科毕业生到了中学以后，不出几年几乎所有的棱角都被磨光而变得平庸起来。中学生天真的童心和灵气也被逐渐消磨掉。

那么，我国的中小学语文教学为什么会堕入这种刻板的模式呢？我的看法是，上述刻板的教学模式只是表层问题，深层问题是中小学语文教学观念的定位有偏颇。长期以来，我们的语文教学观念定位在两点上面：第一，恪守古老的“文以载道”和“文以灌道”理论，认为应通过语文教学进行思想政治教育；第二，通过语文教学，即课文的字词句篇的教学，培养学生运用母语的能力，即听说读写的能力。语文教学可以对学生进行一定的思想品德教育，这一点不用怀疑。但思想品德的教育是不是语文教学的主要目标，就值得怀疑了。这些年语文教学改革主要的方向，就是探讨“文道结合”的“语文教育和思想教育的统一规律”，如果结合得好就成功，要是结合得不好，生硬地灌输思想教育就失败。另外，培养学生运用母语的能力，作为语文教学的目的之一，是不能否定的，但如何达到这一目的的途径则大有讨论的必要。我感到目前这样来规定语文教学的目标，思路不对，缺乏开阔的视野。

我总的想法是，必须从“人的建设”的高度来定位语文教学的观念。马克思早在1844年给共产主义所下的第一个定义是针对资本主义“人的异化”特别提出的，认为共产主义的理想从根本上说是为了人，为了“人对人的本质的真正占有”，为了“合乎人的本性的人的自身的复归”。马克思的意思是，共产主义的理想实际上是人的理想，即要克服人的残缺化、片面化、贫弱化，使人走向全面化、完整化和丰富化。我认为语文教学的“元问题”是我们要建设什么样的人的问题，是通过语文教学使学生对自身的本质真正占有的问题。换句浅近的话来说，就是要通过语文教学挖掘学生的潜能，把学生潜在的感性和理性都挖掘出来，发挥出来，而不是用刻板的教学模式死死地束缚着学生的潜在能力。语文教材应主要选我们民族历代的名篇佳作，即所谓的美文。外国的篇章不要太多，当代的那些通讯报道基本不要。语文教学应与美育相结合，深层次的美育与语文教学有极为密切的关系。

语文教学应培养学生五种能力。

第一，培养感知力，也就是观察周围事物的能力，其中包括审美感知力。现在的学生书可以背得很熟，但眼力和听力都不够，甚至视而不见，听而不闻，以审美的眼光来观照周围现实的能力就更差。语文教材中的名篇佳作对事物的诗意描写，就是作家对事物观察、感知的结果。我们为什么不充分利用教材的这些篇章培养学生的感知力呢?

第二，培养情感力，也就是对周围事物进行情感评价的能力。现在的学生缺乏感情表达的能力。甚至会有这样的情形，该哭时哭不起来，该笑时笑不起来，该愤怒时愤怒不起来，幽默、反讽等就更不会了。语文课中的名篇佳作恰好充满了各种感情的生动传达。这是作家自由感情活跃的结果。我们为什么不可以通过名篇佳作培养学生的情感力呢?

第三，培养想象力，其中包括培养艺术想象力。现在的学生想象力贫乏，被实在的现实束缚得死死的，更不会海阔天空地幻想。名篇佳作则充满各种变幻无穷的又是合情合理的想象。我们为什么不可以利用它来培养学生的想象力呢?

第四，培养理解力，其中包括艺术理解力。现在的学生理解力也比较差，只会直线性的理解，拐一个弯就理解不了，对于那些只可意会不可言传的意思就更难理解了。我们为什么不以对名篇佳作的深刻细微的理解来培养学生的理解力呢?

第五，培养学生高水平运用母语的能力。这一点大家都同意，不必多说。需要补充的是，语言并非是单纯的工具或媒介，人就是语言的动物，人的知觉、直觉与语言是同一的。因此上面四种能力的提高必然也有助于语言能力的提高。

如果语文教学的目标定位在上述五点上，那么无论教材还是教法都要相应地加以改变。教材必须多选文学作品中的名篇佳作。教法则要根据不同篇章的思想艺术特点，寻求不同的教法，决不能千篇一律，决不能用一个刻板的模式去宰割艺术风格各异的作品。美文必须按美文的特性来讲。当然最困难的还是人的问题，即编写教材和讲解教材的人的视野、知识结构等问题。特别严重的还有教师独立教学能力的提高问题。

也许有人会问，你提出的语文教学与美育相结合的观点，可能对培养文科人才有利，对培养理工科人才未必有利。我不同意这种看法。

应该认识到，并非文科人才才需要感知力、情感力、想象力、理解力。一个人无论从事任何职业、任何专业，都需要上述“四力”，因为说到底，感知力、感情力、想象力和理解力，是一切创造力的基础。换句话说，一个人只有在自己的感知、情感、想象、理解等各种心理机制处于活跃状态下，他的创造力才会爆发出来。无论任何部门的人们的创造力并非单纯来源于知识的多少，更重要的是人的本质力量的充分占有，即人的由感知、感情、想象和理解等各种潜能的发挥与挖掘。对数学家来说，“不能在心灵上成为一个诗人，就不能成为一个数学家”（科瓦列夫斯基卡娅）。对物理学家来说，同样也是如此。爱因斯坦说：“陀思妥耶夫斯基给予我的东西比任何科学家给予我的都要多。”我想，爱因斯坦的话是真实的，他强调理工科专家非常需要文学的情感与想象。

也许有人会问，你提出的语文教学的目标中，把培养“四力”放在重要地位，这样语文课还能叫语文课吗？会不会削弱对学生的语文能力的培养？我的回答是不但不会，相反只会促进学生语文能力的提高。首先，当一位教师明确了语文课着重要培养学生的“四力”，就必然会把美文当作美文来讲，那么这种课必然是生动的、活泼的、形象的、充满感情和韵味的，这就使学生觉得上语文课不但不枯燥，而且充满了审美的欣赏，他们会感到兴趣盎然，这就必然会调动学生学习语文的积极性和自觉性。

其次，也是更重要的一点，教师把美文当美文来讲，充分揭示作品的审美特征，那么必然要重视字词句篇的分析和讲解，而且一定要从表层的“文意”的分析，推进到深层的意味、意蕴的审美的理解，即对“言外之意”“象外之象”“景外之景”的感悟。对作品的言—象—意的分析，都必然会紧紧地扣住课文来展开。与目前这种刻板模式不同的是，教师不仅要讲作品的字词的“字典意义”，而且还要讲字典意义以外的文学意义。所以不会削弱字词句篇的教学，而是提高了字词句篇教学的生动性和灵活性。引导学生不是孤立地去死记硬背字词的解释，而且还要理解字词在不同语境中的意味。实际上也就大大提高了学生的语文能力。例如，对鲁迅的小说《祝福》中描写“我”与“四叔”在书房谈话的场面，最后一句“谈话总是不投机的，于是不多久，我便一个人剩在书房了”。这里的“剩”这个词，按字典的意义是“余下”的意思，但按前后语境看那内涵和意味就十分丰富深刻。一个教师在解释完“文意”一重之后，还要解释“文意”之外的“好处”一重。

也许有人会说，你所讲的这些，只是一种理想，不切实际，实行不了。我承认，这样去规定语文教学的目标并寻求多种多样的教学方法，教学是有难度的。因此中学语文教学改革不是一朝一夕的事情，是一个长期的任务，但我认为语文教学改革应该从现在开始真正地起步。我们可以开始做的事情有：（1）就语文教改展开讨论，逐步形成共识；（2）新编一套适合于教学目标的教材，逐步推广使用；（3）取消弊多利少的“语文教学参考资料”；（4）开始逐步轮训教师，逐步提高教师水平，并补充新生力量；（5）从现在起开始改革语文的高考试题。我建议简化试题样式，去掉繁琐的东西，例如全部试卷只有三道作文题，写一篇抒情文，一篇叙事文，一篇论说文。我希望我们把一个新的以“人的建设”为旨趣的中学语文教学改革的尝试，带入新的世纪。

（《课程·教材·教法》1999年第5期）

语文教学改革的哲学思考

目前进行的语文教学改革，随着新课标的陆续颁发，已经取得了进展。但是我认为语文教学改革的有力推进，还有赖于对语文教学改革宏观的思考和微观的研究。没有宏观的思考，就事论事，我们还可能迷失方向；没有微观的研究，一味空谈，许多改革的措施也无法落实。宏观的思考与微观的考察是相辅相成的。本文是对于语文教学改革的哲学思考，属于宏观的讨论。

语文教学存在的问题

在20世纪80年代初、中期，我常带大学本科四年级学生到中学实习，我听实习学校老师的课，听我的学生的课，感觉到中学生学习语文的积极性不高，教师的教学水平很低，学生的学习水平也很低。学生们对语文课不感兴趣。何以造成如此局面，我想原因是多方面的。

第一，教材问题。在教材中真正的“文质兼美”的佳作太少，尤其是新鲜独特的文学作品更少。编者过分考虑在名家中排资论辈，所选名篇几十年没有多大变化；同时时文太多，通讯报告啊，社论啊，占了太多的篇幅；再加上讲什么语法、写作知识，把学生学习的积极性活活地压制下去了。这样的教材学生读起来没有趣味，老师教起来也不起劲儿。

第二，教法的模式化和学法的操练化。教师明明面对的是一篇不错的文学作品，却按照当时“教辅”资料的模式，讲字、词、句，讲段落大意，讲中心思想，讲写作特点，讲语法，一篇整体的作品被割得零零碎碎，更逞论如何把沁人心脾的豁人耳目的文学世界（对大量的文学作品而言）呈现在学生的面前了。这样，在课上，老师有气无力地讲，学生无精打采地抄；在课下，学生又要面对大量繁琐枯燥无益的练习，学习自然变成了一种操练。

第三，语文学习的效率低下。教师出尽了力，学生也下了功夫，可学习语文变成了沉重的负担。学生学习主动性、积极性严重受挫，其结果使学生的语文素质普遍较差，有的学生更是胸无点墨。

第四，归根结底，是语文教学的指导思想出了偏差。在教材编写者和教师那里，语文成为纯粹的工具，五六十年代是“政治工具”论，80年代开始是“语言工具”论。难道语文是一种工具吗？关于“政治工具”，现在多数人以为不对了，就暂且放下不论。单拿“语言工具”论来说，现在坚持这一观念的还大有人在。在语文教学实践中占主流的做法也还是“语言工具”论的一套。有一点我一直很困惑，既然人们认为语文就是学习语言的工具，那么为什么又要在教材中选那么多的文学作品呢？经过我的观察，原来这些人不过是看重文学作品的语言。但是文学作品的语言是单纯的语言吗？那语言是一种没有思想感情、没有艺术韵味的空壳吗？我们是否可以把作品的语言拿过来而把作品的思想感情、艺术韵味舍掉呢？如果把作品的思想感情和艺术韵味排舍掉之后，学生还能不能进入五彩斑斓的艺术世界呢？如果我们不能把学生领入文学作品的艺术世界，学生还会对语文感兴趣吗？在学生对语文没有兴趣的情况下，我们又如何去调动学生学习语文的积极性和主动性呢？回答这些问题是另一篇文章的任务，我想就暂且打住吧。

1997年社会各界开始了语文教学改革的大讨论。讨论的结果之一就是教育部总结历史教训，借鉴国外经验，颁布了蕴含新理念的课标，培养学生“语文素养”的新理念提出来了。在新课标的指导下，多种新教材也先后推出，人们看到了黎明时分五彩斑斓的霞光，听到了令人振奋的号角。语文教学改革大有希望。但是语文教学就没有问题了吗？不，问题仍然很多。这就需要新的思考。

语文教学改革需要什么哲学根基

任何学科和专业都需要有自己的哲学根基，没有哲学根基的学科和专业肯定是不存在的。不论自觉不自觉，目前语文教学和教材中所反映的上述情况，肯定隐含了某种哲学方法论。今天我们正在进行的语文教学改革也需要哲学方法论的指引。那么，以前的语文教学的哲学方法论是什么？今天我们进行语文教学改革又需要什么哲学根基呢？

根据我个人有限的理解，从哲学的文化类型上说，现今世界上有两种哲学：一种是认识论哲学，一种主要是存在论哲学。什么是认识论，什么是存在论，这纯粹是哲学问题。我这里不准备也没有可能把两种哲学讲清楚。我只是用举例的方式，简要地让读者了解这两种哲学的不同，以及它们跟语文教学改革的关联。存在论产生于古代。在西方，从古希腊的哲人赫拉克利特那里，存在论就开始萌芽，在他那里是作为哲学本体论提出来的。但后来衰落了，被新兴起的哲学认识论所取代。认识论哲学源于古希腊柏拉图和亚里士多德的传统。它的理论基础就是主体与客体的分离与对立。人是认识世界的主体，周围的世界则是认识的客体，其基本的理论假设是事物有现象与本质、个别与普遍、具体与抽象、感性认识与理性认识之区分，并认为通过现象可以认识本质，通过个别可以认识普遍，通过具体可以获得抽象，通过感性认识可以升华为理性认识：二元对立成为认识论的基本特征。认识论哲学的本质是知识论，人可以通过对周围世界的认识，通过对事实的分析与综合，通过逻辑判断、推理、证明和证伪等，获得一切知识，解决一切问题。认识论折射到文学问题上面，就是模仿论（复制论、再现论、反映论）流行，通过模仿对象世界获得对对象世界的认识，典型形象就是通过个别认识一般的典范。所以西方文学理论的经典是模仿论和其后发展出来的典型论，它统治了西方文学发展达一千多年。认识论哲学发展的主要成果是西方现代科学技术获得突飞猛进的发展，一方面给人类带来无尽的财富，另一方面也带来无穷的弊病。直到以科学技术主义为主要特征的工业的弊端，终于给人类自身带来灾难（如拜物主义、拜金主义，以及环境污染、现代战争等），人们才意识到认识论哲学不是唯一的哲学。于是，所谓的存在论哲学应运而生。陀思妥耶夫斯基、尼采、里尔克、卡夫卡、雅斯贝尔斯、海德格尔、萨特等作家和学者开辟了哲学存在论的新方向。与认识论不同，存在论主张以人为本，世界唯一的存在是人，而不是物。海德格尔说："存在的东西叫做人。只有人才存在。岩石只是'有'而不是存在。树木只是'有'而不是存在，马只是'有'而不是存在，上帝只是'有'而不是存在，……"①尽管各派存在论有很大不同，但存在论以人为中心，关切人自身，则是共同之点。存在论抵制现象与本质、个别与一般、具体与抽象等二元对立的思路，认为东方尤其是中国古代文化的"天人合一""主客消融""物我两忘""物我同一""物我互赠""情景交融"等更符合人生存的要求。在掌握世界的路径上，与认识论只相信事实、逻辑、判断、推理、证明、分析、综合等不同，存在论更相信人的感受、体会、自觉、体验、感兴、想象、领悟、意会等等。在文学问题上，存在论摒弃模仿论，而主张显隐论。模仿论关心的是模仿得真不真，显隐论关心的是形象背后隐在的蕴含。在言语表达上面，与认识论的言必尽意的看法不同，存在论相信人的世界博大而深厚，往往是言不尽意。

中国古代文化所隐含的哲学也可以说是存在论的故乡。值得庆幸的是，这一传统始终没有中断。古代道家的"道"，就是一个存在论的根本。庄子的"与天地万物相往来"可以视为存在论的箴言。《庄子·秋水》篇中，庄子作为主体与鱼融为一体，知道鯈鱼出游之乐，主客体在这里达到了合而为一，这可视为海德格尔神往的"诗意地栖居"，可以视为存在论所追求的境界。"白云抱幽石，绿筱媚清涟"（谢

---

①［美］W·考夫曼编，陈鼓应等译：《存在主义》，商务印书馆 1987 年版，第 223 页。

灵运）；“相看两不厌，只有敬亭山”（李白）；“感时花溅泪，恨别鸟惊心”（杜甫）；“春蚕到死丝方尽，蜡炬成灰泪始干”（李商隐）；“野桃含笑竹篱短，溪柳自摇沙水清”（苏轼）；“日暮北风吹雨去，数峰清瘦出云来”（张耒）……这些诗句可视为存在论的诗意范本。毫无疑问，认识论倾向于科学与技术，存在论则更倾向于人文的审美与诗歌。

特别值得注意的是，认识论和存在论对人的世界的提问与回答也是不同的。譬如，人的饥饿问题，认识论的提问是：人为什么会饥饿？其回答则是从人的生物机体需要的角度，即从生物学的观点来加以解释，在这解释中会有科学的实验、事实的说明，还有判断、推论、分析、综合、证明等。存在论的提问可能是：人在饥饿时的感觉是怎样的？其回答就无法依靠判断、推论、分析、综合、证明等，必须是人亲自去体会饥饿，你才能知道饥饿的感觉是什么样的，而这感觉对一个从未饥饿的人来说，连描述都是很困难的。更进一步说，对于同一事物，认识论和存在论的观点是不同的。认识论关注事物的“在场”方面，存在论则关注事物的“不在场”方面。假如面对大江上刮风下雨，一个航运工人和科学家与诗人所言说的东西就大不相同。工人会说：风雨太大了，航行受阻，要耽误时间。科学家说：刮风下雨是气流运动导致的结果。而诗人杜甫则说：“风起春灯乱，江鸣夜雨悬。”工人和科学家都关心“在场”的事物，可杜甫在这首《船下夔州郭宿雨湿不得上岸别王十二判官》中则关心着因为刮风下雨，不能上岸与他的朋友王十二判官相见，以至于在他的眼中船上的灯不是在“摇晃”，而是“乱”。灯的摇晃怎么能说“乱”呢？原来是诗人心里乱，才觉得“灯乱”，“乱”是杜甫心里似有又无的说不清道不明的感觉，是“不在场”的。同样的道理，雨不过在“下”、在“降”、在“落”，怎么能说雨是“悬”着的呢？原来雨“悬”也是杜甫内在的感觉和体验，是隐含在背后的“不在场”。不难理解，工人的观点、科学家的观点都是知识性的，认识论的，而杜甫的描写则是诗意的，存在论的。作为读者，我们要读懂杜甫的诗的意味，如果我们采用认识论的方法去读，无论你如何判断、推理、证明，根本读不懂他的“灯乱”与“雨悬”。

需要认识论，但更需要存在论

语文教学的观念，无论是“政治工具”论，还是“语言工具”论，在哲学上都属于认识论或机械认识论。

“政治工具”论不用多说，无非是把课文作为简单的“政治”载体，课文不过是传达某种“政治”信息的工具。这里所谓的“政治信息”，对语文教师和学生来说，就是客体。教师和学生则作为被动的主体，主体要认识这个作为“政治信息”的客体，而不管是否理解或是否同意。所以在语文课中归纳段落大意和主题思想，就成为掌握“政治信息”的基本手段，其方法就是粗糙的或庸俗的认识论。

“语言工具”论在方法上也是认识论的。认识论的主客二分势必把课文当成认识对象，而不是感受、体验和领悟的对象。当我们面对一篇优秀的文学作品时，当然有一个认识的过程，我们要了解它写了什么情和景，写了什么人物和故事，等等，也就是我们必须先读懂它，获得课文所传达的信息。在教学的这一个浅层面，我们所运用的是认识论。但是我们必须知道，获得课文的信息，读懂了，并不是语文教学的终结；我们必须强调说，这仅仅是语文教学的起点。为什么这样说？因为一篇优秀的文学作品，不论是诗歌还是散文，也不论是小说还是戏剧，对于读者而言重要的不仅仅是它所传达的信息，更重要的是它所蕴含的情感、意义和韵味等。如果仅仅关注信息，那么你就辜负了对作品的阅读，对你来说，“真理空空如也”（海德格尔）。优秀文学作品的结构是多层的。假定说“意义 1”是信息的话，那么“意义 2”“意义 3 ”……就是信息背后的思想、情感和韵味。“意义 1”是“在场”的，而“意义 2”“意义 3”……则是“不在场”的。

存在主义大师海德格尔分析过著名画家凡·高的作品《农鞋》。也许大家都熟悉凡·高画的“农鞋”：在一个田埂上面，摆着一双农鞋，那农鞋是厚重的，鞋面上到处都有泥土，似乎刚刚穿过。整个画面就是一双普通的农鞋。海德格尔分析说：“从鞋具磨损的内部那黑洞洞的敞口中，凝聚着劳动步履的艰辛。那硬梆梆、沉甸甸的破旧农鞋里，聚积着那寒风料峭中迈动在一望无际的永远单调的田垄上的步履的坚韧和滞缓。皮制农鞋上粘着湿润而肥沃的泥土。暮色降临，这双鞋底在田野小径上踽踽而行。在这鞋具里，回响着大地无声的召唤，显示着大地对成熟的谷物的宁静的馈赠，表征着大地在冬闲的荒芜田野里朦胧的冬眠。这器具浸透着对面包的稳靠性的无怨无艾的焦虑，以及那战胜了贫困的无言的喜悦，隐含着分娩阵痛时的哆嗦，死亡逼近时的战栗。”[①] 海德格尔明显不是注重对“在场”的农鞋线条、形状、颜色、样式本身的分析，他所分析出来的这一些意义属于更加丰富的“不在场”方面，是通过分析者的感受、体验、领悟而想象出来的。更为重要的是，在分析者感受、体验和领悟这一瞬间，他已经设身处地移情于农妇，与农妇融为一体。通过海德格尔的分析，我们所感受到的就不仅仅是那双农鞋，而是农鞋后面的“意义 1”“意义 2”“意义 3”……这样的分析，由于不是单纯传达信息，而是通过想象揭示“真理”，这就不能不引起我们的兴趣。

其实，中国古代文论分析作品的方法，也不是认识论的，而是存在论的。大家都清楚唐代文论大家，要求揭示诗歌的“韵外之旨”“言外之意”“弦外之音”，揭示诗歌的“咸酸之味”，也是力求通过“在场”揭示“不在场”。文学性不在“在场”，而在“不在场”，只有“不在场”，才会引起读者的阅读期待，才能使读者进入作品的艺术世界，去享受那说不完、道不尽的诗情画意。

---

① ［德］海德格尔，孙周兴译：《艺术作品的本源》，《林中路》，上海译文出版社 1997 年版，第 17 页。

这里，我想举一个中国现代诗歌的例子。艾青有一首题为《礁石》的诗：

一个浪，一个浪
无休止地扑过来
每一个浪都在它脚下
被打成碎沫散开
……
它的脸上和身上
像刀砍过的一样
但它依然站在那里
含着微笑，看着海洋
……

这是艾青 1954 写的一首短诗，完全可以进入中学语文课本。如果我们用认识论来理解这首诗，那么教师只是告诉学生，礁石是不动的，而浪花却是动的，浪花不断拍打着礁石，所以礁石像刀砍过的一样。这样的阅读或者讲解，诚然也能给学生一些知识和概念，但却不可能引起学生的兴趣。然而，如果我们不是这样阅读和讲解，而是告诉学生，礁石和浪花只是“在场”的东西，文学的意味不在这里，而在礁石和浪花所构成的关系里面，而且这里写的不是自然物，而是情感物，那么这情感物是什么呢？

这首诗的“意义 1”是礁石与浪的关系，但这只是知识而已。诗的意味不在“意义 1”，而在“意义 2”：一个有钢铁般意志的人，是永远不怕风吹雨打的；“意义 3”：一个集体只要坚定不移，是能够战胜一切困难的；“意义 4”：一个国家只要众志成城，是不怕别的人欺侮的，也不怕自然灾害侵犯的；“意义 5”：一个民族只要有凝聚力，就会永远屹立于世界上的；还有“意义 6”，“意义 7”……如果有一个学生问：只要我有坚定的意志，那么什么样的干扰与困难也无法阻挡我达到我想达到的目标，对不对？很对。因为，你这个道理是从礁石与海浪的关系里而领悟到的，你已经进入到诗歌的艺术世界中，你已经与礁石融为一体，你就是那礁石，你永远会记住这一课。这样去学语文，不但学到了语言和语言的运用，同时也获得那优美的、宏阔的、坚定的、刚强的、壮丽的、善良的……心胸。事情难道不是这样吗？

长期以来，语文课程不能引起学生的兴趣，不能调动学生学习的积极性，根本原因在于语文课本给予学生的大多是知识和概念，而不是生动形象和艺术意味，完全抽去了审美的欣赏，这怎么能不失败呢？而导致失败的原因又与教学的哲学思想相关。我们过分相信认识论，而完全不相信存在论。对于数学、物理、化学等课程，以认识论作为教学的哲学方法论是完全正确的。但是在语文课程的教材和教学中，完全地采用认识论的哲学方法论就不够，甚至会产生技术主义的流弊，导致千篇一律、简单生硬、枯燥乏味。应该充分看到语文课程的独特性，语文课中有知识，但又不止于知识。语文课中知识、信息和应用的部分，应用认识论是可以的。然而，面对作为课文的大量优秀文学作品，面对作品中豁人耳目的形象和沁人心脾的情感和意蕴，教学的任务就不仅仅是做些词语的训练，而且还要引导学生深深地进入作品的迷人世界，这就必须要调动学生的感受、体验、自觉、妙悟、移情等心理机制，让他们为作品的情景所吸引，为人物所感动，或欢呼或流泪或高兴或痛苦，在鉴赏的高潮时刻，做到“天地与我并生，而万物与我为一”，“登山则情满于山，观海则意溢于海”，阅读鉴赏主体与客体完全融合为一。这样的语文课必然会引起学生的学习兴趣，极大调动学生学习的主动性，他们也必然会在感动、欣赏、玩味之余，觉得有情非倾吐不可，有话非说不可，表达与交流就像人呼吸空气一样成为自然需要。只有把学生调整到这种状况中，通过语文教学过程，学生的语文素养才能大大提高。

（《语文建设》2003 年第 8 期）

当前中小学语文教学不能忽视中国经验

自教育部颁布了《语文课程标准（实验稿）》之后，已经出现了多种面貌较新的语文教材。竞争机制的引进，使语文教材编写的思想空前活跃起来，教学改革终于进入建设的阶段。作为密切关心中小学语文教学改革的一位教师，我为此感到欢欣鼓舞，但在阅读了几部新的教材之后，想到语文教学新实践中的种种问题，也不无失望之感。

以“生活单元”来结构教材是可取的吗?

中外母语教育的重要性，已经引起人们高度重视。对一个民族来说，母语就是文化本身，母语所承载的就是连绵不断的文化的链条，而人文精神也蕴含在母语所创作的文本中。日本著名的文化学家岸根卓郎在《文明论——文明兴衰的法则》中说：“放弃母语，就是通向亡国（毁灭文明）的捷径。”因此，没有哪个国家不是把母语教学放在课程最重要的位置。

教材是教学之本，中华人民共和国成立以来，也十分重视语文教材，编写出了多套课本，取得了令人瞩目的成绩，这是不容否定的。但是由于众所周知的原因，有很长一段时间，语文课程（包括教材）成为政治的传声筒，致使广大师生教与学的积极性受挫。新时期以来，拨乱反正，重新把语文课程定义为工具课，强调听说读写能力的培养，编写出与此理念相对应的教材。这种工具论的语文理念和教材，对于消除政治论的语文观，无疑起到了重要作用，也有利于学生语文能力的提高。但是在这种语文理念的制约下，无论是教材还是教法都比较枯燥，学生学习的积极性再次受挫，尤其突出的问题是，语文教材和教学中缺乏人文关怀和审美体验，汉语的特点也没有得到足够的充实。这些问题在1997年以来的语文教学改革的讨论中，已经得到充分的揭示，无须赘述。

2001年前后，国内出现了人民教育出版社、语文出版社、江苏教育出版社、北京师范大学出版社等出版的多种语文教材。这些教材强调工具性与人文性的统一，强调语文的实践活动，不约而同地以“生活”或“价值”为纲目组成单元，力图使语文教材生活化，也注意加强人文精神和伦理道德的教育。我们最初阅读这些新编的面貌一新的语文教材，也感到了巨大的变化，感到这一次终于“与国际接轨”，终于觉得新的语文理念在教材编写中得到了实现。但是，“上学了”“家”“太阳和月亮”“大海”“外面的世界”“手与脑”“梦想”“劳动”“冬天”“成长”这些“生活单元”（见北京师范大学出版社出版的《语文》一年级上册）……慢慢地引起了我的思考和比较，终于很遗憾地发现在这类大同小异的教材中并没有更多的新鲜东西，这种编法以及在课堂上的讲法不过是在较简单的层次上对英国、日本等国母语教学的摹仿。早在18世纪，英国的英语教材就按“初级读本从字母表开始，直到主祷文、教义、‘十诫’和礼拜的原则”来组织单元。到了20世纪，以宗教为纲目来组织单元的编写法，改变为“以生活为主题来选择文学作品，组织单元”，如著名的《牛津英语教程》以“学校”“家庭”“社区”“人与动物”等为主题来构成教材的单元。日本流行的语文教材，结构上都大同小异，其内容都是以单元的综合形式编排。每个单元都有一个主题和明确的目的要求，并根据这个主题和目的要求配备数篇以阅读和理解为主的课文，并在课后附有导读说明和培养理解能力的练习。例如在初中第二册的语文教材中列了以“走向新世界”“文学的乐趣”“自然中的奇特现象”“祈求和平”“在生活中”“接触古典文学”“少年岁月”为主题构成的七个单元，每个单元都安排了2～4篇课文。如在“祈求和平”这一单元里，安排了《未能长大的弟弟们》《木琴》和《水门》三篇文学作品。这种编写法自然有其特点，那就是可能更体现语文课本生活化，更便于就某个价值观念集中进行教育。目前我们新编的几套语文教材不约而同地学习英国和日本的以“生活主题”组成单元的编写方法，可能也是基于上述考虑。

但是这种主题单元编写法，并不是没有问题的。第一，生活海阔天空，无限宽广，中小学的语文教材的主题单元如何能穷尽它的版图呢？或者说，某些生活不重要，可以略去，但你怎么知道这一方面的生活就不重要呢？现实的发展可能证明这一生活在今天看起来不重要的东西，明天会变得非常重要。第二，更值得考虑的是，把多义性的、蕴含丰富的文学作品，纳入到某一生活主题单元中，无疑就“限制”了文学作品自身的多义性和丰富的蕴含性，同时更可能限制了教师和学生对课文的多义性、丰富性的解读，丧失了文学想象应有的空间。以文学作品为主体的语文课本并不符合文学自身的规律，这不能不说是一个致命的弱点。或者有人会说，在以生活或价值为主题组元的情况下，我们应该尽可能选取那些符合主题的、意义比较单纯的作品，但这样一来势必要放弃一些意义丰富深远的最优秀的作品；而语文教材往往遗漏本民族一些最优秀的作品，从而不能保证每篇选文的典范性，这个代价未免太大了。第三，过去我们以“政治思想”为主题组元，已经证明是一个死框框，其后以“工具”“理性”为主题来组元，也已经证明是一个无生趣的框框，那么现在以“生活”或“价值”为主题来组元，也不过是借来了一个新框框（外国人用熟的）而已。可见，这种以“生活”或“价值”为主题组元的做法，不过是用“新”框框取代旧框框，以道德、伦理、人文的框框取代“政治”的或“工具”的框框。难道我们花费了那么大的力量对语文教学改革进行讨论，就仅仅是为了向外国借用这样一个“新”的框框吗？我们语文教学的民族经验又从何体现呢？所谓人文精神的教育就仅仅体现在这种组元的形式上吗？总的说来，我们虽然有了《语文课程标准（实验稿）》，明确了语文是工具性与人文性的统一，但是新教材的编写并未能充分地体现出新课标的基本精神。中小学语文教材的编写看来仍然是任重道远。

是否要学习中华民族最基本的精神文化精华？

当下，中国仍然是一个发展中国家，我们的青少年中的绝大多数只能接受九年制的义务教育。他们中的多数人在接受九年义务教育之后，就要走上劳动岗位，回过头来再系统学习语文等课程的机会就不多了。因此，应该充分利用九年义务教育的时机，尽可能多地学习中华民族文化。通过九年的义务教育，通过语文、历史等课程的教学，应该让青少年接受和理解中华民族五千年的历史发展所形成的最基本的精神文化的精华，只有这样才能让他们具有起码的由中华民族优良传统所塑造的人文素质。我们这里所说的不是中华民族文化的全部和大部分，只是“最基本的精神文化的精华”，即按照常理一个现代中国公民应该知道的本民族文化中最重要的最突出的也是最基本的部分。例如，他们应该知道汉字的音、形、义及其最基本的变化，应该知道中国文化中儒家思想和道家思想的精华，应该知道法家和兵家的思想精神，应该知道“四书五经”是什么，应该知道《诗经》是中国第一部诗歌总集和屈原是中国第一位伟大诗人，应该知道何谓赋比兴风雅颂，应该知道司马迁是汉代中国最重要的史传文学作家，应该知道汉魏风骨和盛唐之音，应该知道汉语的声律与典故，应该知道骈体文与古文的不同，应该知道唐代发生的古文运动，应该知道古诗和律诗的区别，应该知道诗与词的区别，应该知道套曲与散曲的区别，应该知道传奇和话本的区别，应该知道士与隐士，应该知道明代的“四大传奇”，应该知道中华民族所推崇的气、神、韵、境、味。总之，应该让学生知道中华民族文化是如何形成的，又形成了一些什么最基本的理念与精神，等等。因此，语文教学（包括教材编写）作为九年义务教育的一部分，应具有客观的标准，而不应完全是人为的安排；应该以客观形成的篇目统筹安排，而不是以包罗万象的生活主题主观地随意地作出排列，必须保证有限的教材能给予学生中华民族文化最基本最必要的东西。

语文教材应该是中国文学史上重要作家和作品的载体。编写的秩序基本上应该是先古代后现代，安排一系列重要作家的杰出作品。这些作家的作品不是那种符合人为设置的主题单元的勉强之作。首先，教材所选择的作家，必须是学界认同的文学发展史上有重要地位的作家，凡文学史、文章史上无地位的作家一律不入选。其次，课文所选取的作品一律是这些作家的代表作或最为优秀的作品，凡经不起历史检验的作品一律不入选。第三，如果要分单元的话，是否可以考虑按作家来划分。例如古代的《诗经》、屈原、司马迁、曹氏父子、陶渊明、李白、杜甫、白居易、韩愈、柳宗元、李商隐、李贺、杜牧、欧阳修、王安石、范仲淹、苏轼、李清照、关汉卿、施耐庵、罗贯中、曹雪芹等等都分别可以是一个单元，“五四”时期的鲁迅、郭沫若、茅盾、巴金、老舍、曹禺、沈从文等作家也都可以分别列为一个单元。教材的选文及单元不是编者主观的筛选，而是历史的和时间的筛选。历史与时间才是最公正的。或许有人会认为，这样的选文思路难以实现语文的现代化，难以切入青少年的生活。我不这样看。早就有人指出，今天人们的一切情感差不多都已经包含在历代作家的作品中。从一定意义上说，正是屈原教会我们如何为国家去探索去奋斗去献身，正是司马迁的史传文学教会我们如何去“究天人之际，通古今之变”，正是曹操父子的诗篇教会我们如何去建功立业去慷慨悲歌，正是诸葛亮的文章教会我们如何为事业去“鞠躬尽瘁，死而后已”，正是陶渊明教会我们如何远离尘嚣如何去亲近自然，正是李白的诗教会我们如何去洒脱如何去思乡，正是杜甫的诗教会我们如何感同身受地同情人民，苏轼教会我们如何用诗意的眼光看明月、看山川、看历史、看现实等等。且不说我们将选编优秀的现代作品，紧紧跟随时代的步伐，跟随今天生活的步伐；更重要的是中国古典的作品，只要是优秀的，经过教师的阐释，就必然会具有某种现代意义。根本的问题是，对于古代的作品必须而且也必然要进行现代的解读。

当然，在编写语文教材的时候，要特别考虑小学阶段的教材。我们认为目前的教材，包括新编的小学语文教材，都低估了小学生起步时候的语文能力。开头的课文总是什么“来，来，来，来上学”之类，写字训练也总是从“人、手、口、刀、牛、羊”开始，实际上现在的小学生在入学之前已经有了一个幼儿园阶段，孩子们在幼儿园里已经学会了许多知识，也有了一定的语文能力。因此小学的语文教材起点要提高，不需要编那些太浅显的顺口溜之类。小学语文教材在选文方面应选择文学史上已经有定评的儿歌、寓言、童话、小散文、诗歌，并利用儿童的记忆力最好的时期，尽可能多背诵一些有一定难度的古典作品中的名篇、名段、名句，先背诵下来再说。也许其中一些他们还不能完全理解，在教师讲解之后仍然不能完全理解，这也没有关系，因为随着日后的成长和阅历的增加，他们肯定会理解或完全理解的。童年的心理特点之一就是记忆力特别好，如何挖掘小学生的记忆潜力，是编写教材应特别加以注意和解决的问题。在他们小学的求学时期，课文如果都是浅显的白话文，这不但毫无意义，也大大浪费了他们童年宝贵的时光，忽视了他们记忆力的优势。因为白话可以在日常生活中学习，可以在跟亲人、朋友、同学的交流中学习，可以在看电影、电视中学习，可以在互联网中学习，可以在坐公交车、逛商店中学习，可以在一切生活场合中学习，何必要用那么多的课堂时间去学习过多的白话呢？从来没有上过学的文盲，不也会说流利的白话吗？

2001年与钟敬文、袁贵仁在“当代文学理论新趋势与教学改革”研讨会上

我一直在想一个问题，今天我们所景仰的“五四”那一代学人和作家，他们的童年都是在私塾中读古书成长的。鲁迅童年读的第一部书是《鉴略》，随后是一系列的其他古籍。蔡元培四岁入家塾，先读《百家姓》《千字文》《神童诗》，然后读“四书五经”。胡适从三岁进私塾，九年间先后读了《学为人诗》《原学》《律诗六钞》《孝经》《幼学琼林》《小学》《论语》《孟子》《大学》《中庸》《诗经》《书经》《易经》《礼记》《纲鉴易知录》《御批通鉴辑览》《资治通鉴》。郭沫若童年时期最初读的是《三字经》《诗品》《唐诗》《诗经》《书经》《春秋》《古文观止》。叶圣陶童年先读《三字经》《百家姓》《千字文》，然后读“四书”《诗经》和《易经》。我们如果有耐心的话，可以一路考察下去，会发现“五四”那一代人最初读得滚瓜烂熟的书，都是古代典籍和诗词。后来他们专用白话文治学或创作，不但一点困难也没有，反而为日后的研究与创作打下了坚实的基础。像鲁迅、郭沫若都是在日本读医学的，后来转到文学创作和历史研究上面，也取得了巨大成功，成为一代文豪与学者。这其中的缘故就和他们童年热读许多古代典籍密切相关。要知道，古代汉语是现代汉语的根基所在，不必什么研究，任何一位有一定古代文化修养的人，都会发现现在所用的许多词语，都是从《诗经》《老子》《论语》《庄子》《孟子》《左传》等一系列的典籍中来的，从古代的诗词歌赋中来的。现代的学问与古代的学问一脉相承，正所谓“鉴古知今”。所以是否可以说，如果我们在小学、中学就开始用最能体现中华古代文化精华的篇章作课文，那么，这样给予他们的似乎是

"铜"，可将来总有一人会变成"金"。

可能有人会说，在现在，让孩子们去读那些古典的作品，与现代生活失去联系，他们会感到枯燥，引不起学习的兴趣。这种看法看似有理，其实未必。学习的对象与现实的距离太近，就可能落入所谓自动化的"套板反应"，那才会令孩子们感到枯燥乏味。例如，一个期待了很久要开始学习生活的一年级小学生，如果他第一次端坐在教室里上他的第一次语文课，结果老师教给他的是"来，来，来，来上学，大家来上学"，他会觉得兴味盎然吗？他放学了，回到家，爸爸或妈妈问他：你今天学习了什么呢？他一定会觉得很难张口，因为"来，来，来，来上学，大家来上学"这句话让他觉得太没有劲了，学习内容与他入学前的期待相去甚远。他觉得他已经上学了，已经是"大人"了，可以开始进入"学问"的门槛，可在学校里学到的第一句话，却让他感到没有"学问"，让他有点泄气，甚至有一种失败感。他不愿跟他的爸爸或妈妈重复这句没劲的话。假如小学一年级教材的第一句是孔子的"己所不欲，勿施于人"，那么孩子们觉得一跨入学校的门槛，就与现实的世界不一样，似乎一下子进入了"学问"的"深处"，他觉得深奥，觉得困难，觉得陌生，觉得不易理解，但同时觉得有意思，有兴趣，有挑战，这会极大地提高他对学校的认识，对学习的认识，极大地提高他学习的积极性。他回到家里，会主动地滔滔不绝地饶有兴味地向爸爸和妈妈讲解"己所不欲，勿施于人"是什么意思，他可能讲得不太清楚，这没有关系，爸爸和妈妈会加入讨论，他终于大体弄明白了这句话是什么意思，觉得学到了一个做人的道理，他觉得他长大了，学习真有意思，学校真有意思，他觉得学习是一场挑战，要憋足劲儿来应对这场挑战，以便向学习进军。事情难道不是这样吗？

同样的道理，写字的训练也不一定都按照什么教育心理学的原理，要从简单到复杂。学生在掌握了基本笔画之后，也许对于那些看起来笔画更多显得更复杂的汉字会更有学习的兴趣，更钟情于那些多笔画交织的游戏，因为汉字是象形文字。繁体字是我们祖宗所用的汉字，其中传达了许多简体字无法传达的信息。例如“爱”字，繁体是“愛”，中间是有“心”的，现在的简体，把中间的“心”挖掉了，那么，无“心”如何去爱？当然我不是说要返回用繁体，而是要让学生对于繁体字也会认和写。汉字是中华民族的重要根基之一，我们的思想与言说都与汉字有关，绝不可不重视。

在小学结束后，我们的孩子们已经起码会背诵《论语》《孟子》，会背诵《唐诗三百首》，会背诵《古文观止》，等等，在学生们站在这些中国精神文化的起点线之后，他们完全能够接受后面更进一步的更富有挑战性的安排。我想这样的安排不比现在的以生活、价值为单元的课本更富有中国语文经验吗？

是重分析的“科学主义”，还是重整体的“顿悟”？

长期以来，我们的语文教学受科学主义影响，无论教材还是教师的讲授，都过多地强调分析作品，字、词、句、篇样样都要分析，往往把一篇完整的作品给分析得七零八碎，只见树木，不见森林。分析完了还不够，还要概括，概括段落大意，概括主题思想。其结果，把具体的、感性的作品，变成了一些没有多少意义的抽象的概念。这样肢解性的分析和放到任何篇章都合用的概括，对于学生来说会具有引导意义吗？

传统的语文教学提倡的不是科学主义的分析而是“领悟”。领悟与科学的认识是两种完全不同的认知方式。科学的认知依靠的是从个别概括出一般，或者相反，从一般的推演去分析个别。这种科学的认知方式对于数理化无疑是十分重要的。因此，在中小学的数学、物理、化学等一系列课程中，采用科学认知的方法，是理所当然的，这对于学生科学世界观的培养具有重要意义。但在语文课上，当我们面对一篇篇具体的优秀的文学作品的时候，所提倡的方法就不应该是科学的认知，而是采用整体的印象主义的领悟的方法。就是说，教师不要带领学生去抠作品的字、词、句，而是指导学生去欣赏、玩味，让学生逐渐形成一种整体的美学领悟能力。要知道，同一物理性事物，在人的理解中，或者实现为物理课题，或者实现为审美客体。例如，春天的“桃花”，在我们的理解中，是一种植物的花，也可以把它理解为某种气氛、情调。例如《诗经》中“桃夭”：“桃之夭夭，灼灼其华。之子于归，宜其室家。”这意思是，桃花开放了，多么艳丽；一位好姑娘终于出嫁了，找到自己的好人家。在这里，描写桃花的“灼灼其华”，并不是让大家知道它是植物开的花。在这里它是作为诗的“起兴”而出现，不是物理性的事物，只是一种气氛、一种情调、一种色泽。你看，在姑娘出嫁的时候，红艳艳的盛开的桃花，与那婚礼的场面、周围人们的心情相互呼应，让人想到喜庆、美好、幸福……但这一切都是通过整体的领悟，最终才实现为审美客体，仅仅通过字句的分析是不会获得的。“领悟”，在中国古代的文学理论中也大体上就是“顿悟”“妙悟”“感应”“物感”等，这是中国传统诗意地理解生活和艺术的方式，与现在普遍流行的科学的分析综合是很不同的。

也许正是基于上面我所说的“领悟”式的理解，中国古代语文教育最重要的一个方式就是背诵。注重在背诵中感悟把握文章，培养语感，学会“知音”式的鉴赏。背诵的篇章也许学生不能立刻完全理解，但这没有关系，学生是会长大的，也会变成劳动者，在这个成长、变化的过程中，随着生活阅历的丰富，领悟的能力不断提高，他们对于储备在自己头脑中的诗篇和文章，会逐渐地用他的生命来领悟，开始可能是较低的三级领悟，然后是二级领悟，最终是最高的具有创造性的领悟。

我上面所讲，大体的意思就是，中国自身有丰富的有效的语文教学经验，我们完全可以在分析的基础上加以继承、借鉴。语文教学改革一定要重视中国经验。外国的方法可以供我们学习和参考，但汉民族语文与西文有很大不同，我们的民族语文特点要充分受到尊重，对于外国的一套不宜照搬照抄。语文教学改革仍然是任重而道远。

（《中学语文教学》2008 年第 2 期）

中华传统文化与语文教育

语文教学如何对待中华民族文化的精华，这是一个重大的教育话题。语文课既不能教成政治课，也不能只上成工具课，要还语文课以本来面目。20世纪60年代，中宣部在北京景山学校试点，这是中国语文课的一件大事，当时我非常赞同。我们的学生对中华民族传统文化的精华吸取得太少了，中华民族文化知识掌握得不够，因此也写不出好的文章来。当时景山学校毕业的学生都能写出一手好文章，这确实是一件非常难得的事情。可惜“文化大革命”开始以后，这个实验就停止了，像被风吹散了一样。就中华传统文化进语文课堂，我想谈四点。

一、要坐下来认真探讨几十年来语文教学中的问题，吸收中国古代文化的精华。从语文教学史上的几起几落，我们可以看到与这个问题相关的矛盾很多，任务非常艰巨。语文教学必须充分吸收中华民族文化的精华，真正把它作为一种基因一代一代地传下去，而不只是单纯地讲几篇古代诗文。

二、要抓住学生学习语文的黄金时期进行中华传统文化教育。学生学习语文的黄金时期是什么时候呢？应该是15岁以前。我这话不是随便乱说的。“五四”时期的大家胡适4岁开始背古诗，5岁背短文，6～7岁读私塾，8岁已经对中华民族文化有相当了解，相当熟识。他到美国以后做的论文选题是“中国古代哲学”。那么鲁迅在“三味书屋”到底又读到了什么书呢？有资料显示，他用一两万字的篇幅把中国古今历史编成韵文背下来，对中国历史了然于心，对中国国民性了然于心。他本是学矿业的，后来到日本改学医，最终还是搞文学，这不是偶然的，这是中华传统文化耳濡目染的结果。

郭沫若背的第一部书是唐代司空图的《二十四诗品》，到日本以后他因为身体原因不能从事医学研究之后转攻历史，最后聚焦诗歌。他至今仍然是中国历史上最有成就的历史学家，最早破译甲骨文的学者。“五四”时期的一代人物从古代传统文化起步，博学勤思，触类旁通，最终成为“大家”，也铸造了中华民族文化的脊梁。这些人物和现象对我们有很大启发，非常值得思考。我认为 4 岁开始背诗，到 15 岁语文学习基本结束。这一段时间的学习以中华民族传统文化几千年积淀的精华为主，这样就利用了学生学习语文的黄金时期。4 岁诗 300，5 岁文 300，6 岁诗文 300，7 岁文白相加，8 ～ 9 岁开讲，10 ～ 11 岁重点在写作，培养写作能力。15 岁时不但对中华民族有了相当的了解，同时也受到了中华传统文化的熏陶，也能写一手好的白话文。我不反对白话文，但我认为我们现在的文言文学习和白话文学习倒过来了。我认为应该先学古文，再学白话文。比如鲁迅的白话文中关于国民的思想是很深的，也是很难的，不好理解;《论语》就不难，也不算深。再如，“己所不欲，勿施于人”，被评为世界 10 大箴言，这也不是偶然的。虽然我认为“己所不欲，勿施于人”还不是孔孟的最高理想，只是次等的理想，但如果我们的语文课，第一课是这八个字，坚持 100 年会怎么样？不怕学生不懂，不懂可以回家问父母。自己不想做的事，就不要去勉强别人，再举些例子学生就明白了。我们整个民族都要遵循这样一些儒家的道德箴言行事，这么好的事我们为什么不去办呢？

白话文要到高中再系统学，因为前边有古文的功底，容易理解，就能写出好的文章。这也是符合心理学规律的。小时候记忆力好，理解力差，随着年龄的增长，记忆力逐渐减退，理解力逐渐增强，这样的话就会更好一点。我们国家干什么都没有耐心，教育是世纪性系统工程，要实验十年八年的才行，看看实验下来是怎样的再往前推进。

三、要警惕一些伪命题。我们语文教育界现在有些伪命题，比如说学生作业多增加了负担等。学习语文和学习数理化不一样，语文是与生活相联系的，是在生活中学习，生活处处皆语文，学出兴趣就会越来越喜欢。语文是根，其他学科是叶；语文是水，数理化等学科是水里养的鱼。语文学习是自然而然的事情，不会增加负担。我自己读小学、初中、高中时从来没有觉得语文是负担。小学三年级的时候，我们教室贴了历史年代表，别人记不下来我一会儿就全记下来了，而且至今不忘。这也是中国文化的优势，因为押韵呀。教室里还挂了一张地图，我知道“好望角”在什么地方，老师还给我讲为什么叫“好望角”，我就想这辈子一定要去一次“好望角”。78岁那年我如愿以偿，到了“好望角”，虽说只是一次旅行，但对我而言是件很值得纪念的事。学语文是自然而然的过程，不需要下特别的功夫，不需要让学生喘不过气来。我们的传统文化中有很多文章都押韵，节奏感很强，朗朗上口，很容易学。

四、中华传统文化学习和语文学习一样，都要“四到”。“四到”是北京师范大学第一任校长陈垣讲的，他说学习要“四到”，即“眼到”“口到”“心到”“笔到”。领会中华民族精髓要“心到”“笔到”，我主张15岁时要能写出简易的文言文。中华民族的基因我们要真正学懂学通，渗透到每个人的血液里。首先要积累知识，背诵诗词歌赋。其次是培养做人的道德。我们一路走来，有很多大家箴言，先背箴言，然后学做人，然后写作，学语文不能只停留在学口语上，不只是学听说。我们学习语言的理想是要在继承中华优秀传统精髓的基础上，结合现代化写出一篇篇有思想内涵、情感丰富、诗意盎然、风趣横生、逻辑通达的好文章。很多人数理化学不好，很大原因是因为语文学得不好，不能写出好的文章。

启功老师曾说：“行文简浅显，做事诚平恒。”我借用他的这句话，呼吁我们的语文教育工作者要继承这种思想来对待我们的语文教学，大家共同研究，一起去踏出一条中华传统文化和语文教育互通互融的路来。

（《中小学教材教学》2015年第5期）

回到原典

——就文艺学教材编写问题访谈童庆炳先生

编者按：当前，在文艺理论教材的编写上，以童庆炳教授为首的北京师范大学文艺学研究中心走出了一条新的路子。这显示出某种思维方式与理论侧重点的变化。为了了解这种变化的原因，解答相关问题，本刊主编赵炎秋教授（下面简称赵）于4月20日至5月8日用电子邮件的方式，访谈了童庆炳先生。访谈中，童庆炳先生（下面简称童）就文艺理论教材编写的方法、思路以及其牵涉到的理论思维、文学原典、意识形态等问题，作了富有启发性的回答。现全文发表，以飨读者。

赵：童先生，您不仅是文艺理论的资深学者，也是文艺理论教材编写的大家。您编写的多种文艺理论教材在国内有着重要影响，是许多高校中文系的指定教材。但我看您最近主编的系列教材，如您为主编、赵勇为副主编的《文学理论新编》，有一种回到原典的倾向。您不再像以前那样在教材中用自己的语言建构一个完整的理论体系，而是引用若干经典著作中的相关论述，通过对这些论述的阐释来传授文学理论知识。我觉得这不仅是一种教材编写方式的改变，更是一种理论思维方式的改变，您能否说说这种改变的原因和理由？

童：炎秋，你的问题提得很好。从前些年开始，我就考虑要编写一种以“回归原典”为旨趣的系列教材。2006年，我有机会去参加台湾辅仁大学主办的国学研讨会。在这期间，我在台湾辅仁大学遇到了在那里学习的北师大文学院的学生。我问他们，你们与台湾学生交谈的时候，你们觉得你们的优势在哪里？你们的不足又在哪里？他们说：凡是讨论宏观问题，我们都能侃侃而谈，这一方面，那一方面，这一层，那一层，台湾学生在这方面不如我们。但是一旦我们之间的谈话涉及文学文本，特别是文学经典问题，我们常常就无法插嘴了。因为不是我们对这些文学文本没有读过，就是读过了却印象不深。至于一些经典原著，如《文心雕龙》什么的，我们虽学习完《文学概论》，却一无所知。他们的话引起了我的思考。我认为，每一个学科之所以能够成立，就是因为它拥有自己的经典著作，拥有经典的“不刊之鸿论”。没有一个已经建立起来的学科是没有经典著作的。经典著作是一个学科的根基所在。但是我们在教学中，却不让学生去接触原典，而是用“二手转述”的体系和知识所编成的教材应对教学，结果是学生学过了文学理论，却连刘勰的《文心雕龙》和亚里士多德的《诗学》都没有读过，所读过的只是某位老师的转述而已。这样，学生所学到的就还不是作为整个专业或这个学科的根基的知识。

进一步反思，我觉得我们现在的课程中，“概论”“通史”一类课程太多，所用的课时太多，而学习原典的课程和课时不足。这都还是受苏联教学模式的影响。苏联高校的教育，由于受意识形态的控制和束缚，不能不加强“概论”“通史”课程的教学。苏联解体了，他们的教学也不搞那么多的“概论”“通史”了，但在中国的高校仍然没有改过来，这不能不说落后于时代，是很遗憾的。我们为什么不可以回归各个学科的原典，回归学科得以建立的根基？

要知道，学习原典与学习“二手转述”的教材是不一样的，这就像一个人主动吃原汁原味的饭菜，与一个婴儿被动地吃别人嚼过的饭菜，是完全不同的。原汁原味的饭菜才有营养，才有味道，这个道理是不难理解的。对于知识的学习也是这样，我们要帮助学生主动去学习原汁原味的原典，学到第一手的知识。“回归原典”的教学思路则能摆脱日前的教学困境，使教师愿意讲，学生喜欢学，既可拓展教师的研究视域，亦可开阔学生的学习视野，从而让学生真正学有所得，嚼出“原典”的滋味来。这正如德国哲学家叔本华所言：“只有从那些哲学思想的首创人那里，人们才能接受哲学思想。因此，谁要是向往哲学，就得亲自到原著那肃穆的圣地去找永垂不朽的大师。每一个这样真正的哲学家，他的主要篇章对他的学说所提供的洞见常十百倍于庸俗头脑在转述这些学说时所作的拖沓渺视的报告；何况这些庸才们多半还是深深局限于当时的时髦哲学或个人情意之中。”① 叔本华这段话，似可说明我们的思维要有所转变，要多看经典原著，少看中庸的论文和“二手转述”的教材。对学生是如此，对自己也是如此。

北师大文艺学研究中心的老师们，就教材回归原典达成共识，几年前就开始编写新的“文艺学教材系列”。自从确立“回归原典”的教学思路之后，文艺学研究中心在我的主持下，大家共同努力，下大力气抓教材建设，目前已出版教材 9 部，教师用书 1 部。具体是：童庆炳主编、赵勇副主编的《文学理论新编》（2010 年 2 月第 3 版，48 万字），李春青主编、姚爱斌副主编的《中国古代文论新编》（2010 年 9 月版，38 万字），赵勇主编、杨玲副主编的《大众文化理论新编》（2011 年 9 月版，46 万字），陈太胜主编的《20 世纪西方文论新编》（2011 年 3 月版，33 万字），方维规主编的《文学社会学新编》（2011 年 2 月版，44 万字），王一川主编的《文学批评新编》（2011 年 1 月版，32 万字），程正民主编的《文艺心理学新编》（2011 年 6 月版，37 万字），陈雪虎主编的《中国现代文论新编》（2010 年 8 月版，35 万字）和童庆炳主编、赵勇副主编的《文学理论新编教师用书（第 3 版）》（2010 年 5 月，24 万字）。

---

① ［德］叔本华，石冲白译，杨一之校：《作为意志和表象的世界》，商务印书馆 1986 年版，第 18 ～ 19 页。

这套教材的创新之处主要体现在：

1. 变“六经注我”为“我注六经”

以往的理论教材往往是观念先行：编写理念既定，也就确立了教材的编写结构框架；然后是分章分节，最终以“六经注我”的方式完成了教材的编写。此种教材编写方式的弊端是很多的。当然，文艺学专业系列教材的编写不是不要理念，而是在确立编写理念的同时，应该更看重那些经过时间检验的“经典文本”。在每一章的设计中，通过对文本的详细注释和“作者简介”“背景知识”“文本解读”三个环节去释放“经典文本”的魅力。这样，原来那种“六经注我”的编写思路也就被打破，取而代之的是一种“我注六经”式的新思路。

2. 变“单音独鸣”为“众声对话”

以往的理论教材主要是教材编写者说话，此谓“单音独鸣”。这种教材很容易形成教学上的独断专行与一言堂。此套教材每章既设计“经典文本阅读”，亦设计“相关问题概说”，前者是“一斑”，后者则是“全豹”，两者可相呼相应，取长补短。于是在编者与作者之间、文本与文本之间、问题与问题之间就构成了一种多层次的“对话”关系。这种“众声对话”的局面打破了原来“单音独鸣”的教学格局，可让学生注意到各种学术观点，并大大启发他们思考、探寻的兴趣。

3. 变“宏大叙事”为“微观分析”

我赴台湾讲学时意识到：大陆学生与台湾学生相比，前者思考问题喜欢宏大叙事，结果常常流于空疏浮泛，而后者则善于微观分析，面对具体的文本说话，这在很大程度上与两边的教学方式有关。我们编写“回归原典”的教材，开展“讲授原典”的教学实践活动，可让教学更加科学化与合理化，也有助于培养学生细读文本、脚踏实地的致思方式与学习路径，让他们真正学会分析问题的方法。

从这三点看，诚如你说的，我们的“思维”确有改变。

赵：谢谢童先生，您的回答很有启发性。不过，文艺理论最贵创新，强调系统性。文艺理论史上的大家，无论是西方的亚里士多德、黑格尔，还是中国的刘勰、王国维，都是以其富于创新性的系统理论而闻名于世。如果过于偏重原典的引用，是否会影响教材的创新性与系统性，并进而对学生的创新思维与系统思维产生不利的影响？另一方面，不同的原典其思想体系是不同的，有的甚至连概念、术语都有很大的差别。在同一教材中引用思想体系、概念术语差异很大的原典，是否会在一定程度上造成观念的冲突与概念的矛盾，从而在一定程度上影响到教材内容的统一性？如果会，应该如何克服？

童：这次你提出的问题是，以回归经典为旨趣的教材会不会影响到教材的创新性与系统性，以及如何解决原典中观念的冲突和概念的矛盾等问题。这几个问题都提得很好。我乐于回答你的问题。

关于教材的创新性问题。教材是教学之本。它的功能不在教材本身要求编著者自身有多少学术创新，而是要把已有的学术研究成果进行综合性的总结。实际上，现在不少所谓学术创新根本不是什么创新。我们对于文科反复提“创新”这个词，很有意见。我觉得更好的提法是“心得”“体会”“新解”“新意”“新见”这些词。现在那些所谓的“学术创新”，只是某些人自己的“标榜”，并没有在学术界达成共识。将这类东西写进教材，有必要吗？倒是原典本身是在一定的历史语境下针对某种问题而出现的，里面包含了更多的新鲜的见解，而且这些新的观点，经过历史的筛选和淘汰而沉淀下来，形成多代人的共识，最宜作为教材来学习。况且，我们编写教材时，不是孤立地让学生学习原典，还要对原典进行注释和说明，还有“相关问题的概述”，这样原典之后的一些重要的新解、新见，也必然会包含在教材中。这就是我们为什么要在教材中安排“相关问题阐释”的原因。

关于系统性问题。系统性是“二手转述”教材的一个优长，似乎是以原典为旨趣的教材无法超越的。但是，系统性与真理性哪个更重要呢？常常有这样的著作，为了自己的系统，而排斥了许多与自己的意见不合的很深刻的真理。有的著作，如概论和通史之类的东西，越是系统，离真理就越远。这里我想引用陈寅恪的一段话。陈寅恪在冯友兰的《中国哲学史》上卷的“审查报告”中说：“今日所得见之古代材料，或散佚而仅存，或晦涩而难解，非经过解释及排比之程序，绝无哲学史可言。然若加以联贯综合之搜集及统系条理之整理，则著者有意无意之间，往往依其自身所遭际之时代，所居处之环境，所熏染之学说，以推测解释古人之意志。由此之故，今日之谈中国古代哲学者，大抵即谈其今日自身之哲学者也。所著之中国哲学史者，即今日自身之哲学史者也。其言论愈有条理统系，则去古人学说之真相愈远。”① 陈寅恪这里所言，即提醒我们了解古人学说之不易，特别是我们越是企图把古人的学说（包括经典）条理化、系统化，我们的主观性也就愈强，离古人的学说也就可能愈远，所谓的“学术的神话”也就这样产生了。所以现在许多“概论”“通史”之类的著作或教材，系统倒是系统了，可如果认真清理一下，就会发现这些著作不过是“学术的神话”而已。“学术的神话”一词是我从阅读罗钢教授一系列研究王国维境界说的论文中受到的启发，我觉得他的研究很有水平。

关于原典观念冲突和概念矛盾问题。原典有它产生的特殊的历史原因，当然各自有其意识形态性，有时是很强的意识形态性。我们把经典著作作为学习的对象，当然要看到它们所具有的意识形态性，以及由其引起的观念的冲突。在这里，我们的态度不是忽视它们观念的冲突，力图磨平它们之间的分歧，而是通过我们的说明，充分理解这些经典的倾向性。我们通过注释、评析等显示出它们各自的倾向性。文学理论是一个历史发展，任何经典提出的观念和范畴都是“历史的暂时物”（马克思语），没有永恒的经典，儒家的

---

① 陈寅恪：《陈寅恪集·金明馆丛稿二编》，生活·读书·新知三联书店2001年版，第279～280页。

经典在被崇奉了 2000 年之后，到了“五四”新文化运动，被认为是束缚人的思想的绳索，被反传统的新思想所推倒，不再认为是经典。但是，到了上个世纪 90 年代后，儒家的经典又被称为“国学”，因为时代变化，商业主义使人变得俗不可耐，人们重新在儒家经典中发现高雅的、道德的、厚重的成分，于是又起来翻“五四”的反传统的案。但是，我们现在能判定儒家的经典就这样永远的崇奉下去吗？我看未必。说不定哪一天，我们又开始说孔夫子的坏话。因此经典是变化的发展的。

T·S·艾略特在《传统与个人才能》一文中，有一段话，你是很熟悉的，他说：“现存的艺术经典本身就构成一个理想的秩序，这个秩序由于新的（真正的新）作品被介绍进来而发生变化。这个已成的秩序在新作品出现以前本是完整的，加入新花样以后要继续保持完整，整个的秩序就必须改变一下，即使改变得很小；因此每件艺术作品对于整体的关系、比例和价值就重新调整了；这就是新与旧的适应。”[①] 艾略特说得多么好。我们的经典永远处在“调整”中。文学理论经典也一样，是变化的发展的，文学理论意识形态属性，就是理论发展的重要方面。我们应该而且可以“把历史的内容还给历史”（恩格斯语）。这样做，可以让老师和学生见出文学理论思想倾向的多元性的发展与变化，从而受到启发，哪怕是最古老的经典，也会有它的历史的局限性，它也有可能被调整掉。我们今天面对已有的文学理论，不是要固守它，而是要随着时代的发展而发展它。这样做的结果是，学生们终于认识到，一定要用发展的观点去看待已有的理论，而不要受过去理论的束缚。

至于概念是否矛盾，这在以回归经典为旨趣的教材中，也是不可避免的，问题是在于教材编写者的解释，不必强求概念的一致，而要强调我们对不同概念的历史理解。我常常觉得，历史的真实比一般的逻辑推衍的游戏更

---

①［英］T·S·艾略特，王恩衷编译：《传统与个人才能》，《艾略特诗学文集》，国际文化出版公司 1989 年版，第 2 页。

有价值更有意义。

赵：我有个想法，可否将文艺学方面的教材分出几个层次，不同层次的教材采用不同的编写方式。比如，我们可以将文艺学方面的教材分为文论选、文论史与文学原理三个层次。文论选层次的教材以原典为主，文论史层次的教材采取原典加注释、说明、相关问题概述的编写方法，文学原理层次的教材则尽量写得系统一点，照顾到知识的系统性、全面性与创新性。这种分层编写的想法，您是否觉得有点道理?

童：文论选和文论史的编写方法，你的想法都很好，我没有新意见，就不多说了。但你关于“文学原理”的编写“则尽量写得系统一点，照顾到知识的系统性、全面性与创新性”，这就要分析了。“新时期”以来所编写的文学原理一类的教材，都在追求系统性、全面性和创新性，结果由于重定义、重术语、重概念和重推理，特别是实现所谓的“中西古今综合”，不注重中西文论的不同的历史语境，把古今中外的文论概念混合在一起来用，如把中国古代的抒情言志说与西方的表现说混为一谈（我自己有时也这样做），中国古代的“铺陈”说和西方的“摹仿”说混为一谈，把中国古代的“诗无达话”与西方现代的“接受美学”混为一谈，把中国古代的“文以载道”说与西方的“寓教于乐”说混为一谈……这对学生是一种误导。因为，中西方看起来相似的概念和术语，是在不同的历史背景和历史语境下产生的，其意涵是不同的，甚至是完全不同的，把意涵差异很大的概念、术语硬拉到一起，混为一谈，是完全没有意义的。因此，越是全面的、系统的教材，所谓贯通古今中西的教材，问题就越多，所给出的知识就越含混不清，甚至满盘皆错。

如果一定要考虑所谓的全面性、系统性的话，那么我认为中国人民大学出版社出版的《新编文学理论》（2011 出版），可能更符合理想。这部教材由我出任主编，钱翰副教授出任副主编。我们商量的结果是，中归中，西归西，古归古，今归今，因为古今中西有不同的历史背景，所产生的文学理论话语是很不一样的，不要硬拉扯在一起。我们的做法是，如“文学观念”这一编，分为两章，第一章写中国文学观念的演进，第二章则写西方文学观念的演进，最后有一个简短的比较。这样编写不失全面性、系统性，但又给学生以真实的知识，学生读过教材后知道了，由于中西历史文化的不同，所产生的文学观念也是不同的。这部教材出现后，也得到学界的肯定性的评价。

当然，文学原理要这样去编写，就必须充分注意到理论的历史化问题。我从90年代后期开始，一直在提倡"文化诗学"。"文化诗学"的一个要点，就是主张文学理论和文学批评必须放置回到原有的历史语境中去考察和把握，不主张理论脱离开历史语境，一味作抽象的判断、推理。我们主张文学理论应该更多地与具体的历史结盟。历史语境不是过去一般文学史所写的那种大而化之的"历史背景"，历史背景只是某个历史时期的一般性的政治事件、阶级斗争、文化思想潮流等，而历史语境是指促成某种话语（文学作品话语、文学理论话语）所产生的具体环境、人物关系、情感冲突、事件演变、文化情境等。

法国著名作家萨特在他的重要著作《什么是文学？》中举过这样的例子："假定有一张唱片不加评论反复播放普洛万或者昂古莱姆一对夫妻的日常谈话，我们根本听不懂他们在说什么；因为缺乏语境，即共同的回忆和共同的感知，这对夫妇的处境及他们的谋划，总之缺少对话的每一方知道向对方显示的那个世界。"① 我所理解的历史语境就是萨特在这里说的"语境"。这样一来，我所主张的文学理论不是孤立的纯粹的概念和体系，它是与历史文化和具体情境联系在一起的，是产生于具体历史语境的带有历史体温的东西，不是纯粹抽象的冷冰冰的东西。

我的这个主张与德里达的所谓"理论的事件化"是一致的。我理想中的文学原理教材的系统性和全面性，不是纯粹的一般抽象概念的有序的集合和

---

①［法］萨特：《什么是文学？》，李瑜青、凡人主编，施康强等译：《萨特文学论文集》，安徽文艺出版社1998年版，第117～118页。

编织，而是历史具体性的活生生的理论的展开。这样看来，无论什么教材，对原典的解释和评议，仍然是重要的，因为往往是原典提供这些原理。我不知道自己说清楚了没有，也不知道你理解了没有。

赵：谢谢童先生。您在回答我的问题时提到意识形态，其实原典也是意识形态的产物。这可以从三个方面理解。一是原典里包含了意识形态。二是原典是在一定的意识形态中产生的。三是随着意识形态的变化，对原典的评价也在变化。有些本来是原典的，现在可能不再是原典，有些本来不是原典的，现在则可能成为原典。这样，就必然产生对原典的选择问题。您觉得应该根据什么原则选择原典？另外，不同的原典，其意识形态是不同的，而教材的编写者也有自己的意识形态背景，您觉得应该怎样处理这些关系？

童：炎秋，你提的问题极好。我把你提的两个问题结合起来，尝试作一个回答。经典是永恒的，也是变动的。说永恒也好，说变动也好，这其中就有意识形态在起作用。对于经典是否受意识形态的形塑，这是人们长久争论不休的问题。

据我了解，几乎各国都有关于经典问题的争论。其中影响比较大的是上个世纪 80 年代中期开始的美国的关于文学经典的争论。50 年代是美学文学经典的确立时期。艾略特、利维斯、弗莱、布鲁克斯等成为了重要的文学经典的选择者，他们主要根据作者的权威、天才的程度、传统的力量、审美的魅力等标准加以衡量。那时，一般都认为，经典是历史选择的产物，它具有永恒的价值，与政治无关。但六七十年代，美国出现了“文化革命”的社会运动，人们进行了激烈的文化辩论和斗争，自由主义和多元主义盛行，多元主义分别从阶级的或民族的或性别的观点参与斗争。这些斗争和观点很自然地会折射到经典问题的讨论上面，于是原有的经典往往被认为是白人男性或欧洲中心和盎格鲁—撒克逊基督新教的建构。这里就说明了你所说的原典包含了意识形态和原典是意识形态斗争的产物。像在美国，经过六七十年代的社会运动后，不同的阶级、不同的种族和不同的性别，用不同的思想建构了自己的经典。只有少数超越功利的有魅力的原典保持它的地位，其他经典都被意识形态的力量形塑，有的从经典变为非经典，有的由非经典变为经典。

也许我们还是把问题拉回到中国来谈，会使我们感到更亲切。中国古代经典在近代以来遭到质疑、批判、推翻，但在特定的历史下得到再次肯定、推崇的历史，更能显示意识形态在树立经典或推翻经典中所起的作用。

人家都知道，古代西周时期的被儒家称为“六经”的诗、书、礼、乐、易、春秋，是包含巩固西周君主和贵族统治的意识形态的内容的。例如当时的“诗”，特别是各国的国风，也含有对统治阶级的怨，但这种怨常常是“怨而不怒”，所以不但不会伤害贵族的统治，而且起到了“小骂大帮忙”的作用。所以这种歌谣是允许存在的。后来经孔子删改，留下三百零五篇，成为了经典。但在东周，即战国时期，所谓“礼崩乐坏”，除孔子所代表的儒家之外，各诸侯国都不遵守西周时期所定的礼制，诗、书、礼、乐、易、春秋不受人们的认同，其经典地位除了在孔子所代表的儒家那里之外，成为了非经典。例如道家，就反对人为的治理，一切法律、道德、伦理、等级、制度等，都是人为的，所谓“六经”就是人为、人治的代表，是完全没有用的，他们主张无为而治，一切顺应自然，所谓“以天合天”，那么社会也就得到治理了。所以在战国时期，孔子周游列国，以六经文本，宣扬他的学说，就没有人理他，如丧家之犬。总之，在战国时期，尽管有儒家极力宣传自己的主张，六经在多数人那里还是没有成为经典。从西周时期的六经经典论到战国时期六经非经典论，这是一大变化，这是意识形态折射的结果。

到了汉代，出了一个大理论家，这就是董仲舒。他的理论是要为汉代的统治服务的。汉代以武力取得天下，但如何来治理呢？最初曾尝试用黄老的道家思想，但遭遇许多问题，社会处于无序状态。这时候董仲舒用阴阳家的思想对儒家的思想进行改造，重新梳理“五经”为经典（因为“乐经”已遗失）。他从这“五经”里抽取出“三纲”和“五常”的观念，即君为臣纲，夫为妻纲，父为子纲，确立了社会伦理；提出仁、义、理、智、信这五种不变的德行，确立了人与人之间关系的道德伦理。三纲与五常相配合，社会就可得到有序的发展。三纲、五常来自何处，来自“五经”，“五经”就是经典，就是恒久之至道，就是不刊之鸿论。汉代从此宣布“罢黜百家，独尊儒术”。汉代的意识形态与“五经”就这样完全结合在一起。此后中国传统社会延续一千多年之久，“五经”作为经典延续了很长时间，虽然其命运也时有起伏。宋代是儒家学说的发展时期，儒学发展为理学，“五经”这时被扩展为“十三经”。儒家经典的位置更稳定了。为什么更稳定了？还是因为当时统治阶级的意识形态的需要。

但是，古老的中国发展到近代，内部的各种矛盾暴露无遗，国家力量衰弱，而西方则经过文艺复兴和启蒙运动，发展起现代工业，创造了大量的财富，急需殖民，而现代武器在现代工业化中也迅猛发展起来。贫弱的中国屡遭西方和东方帝国主义的侵略，沦为半封建半殖民的国家。近代以来，特别是1919年“五四”新文化运动以来，中国有志之士反省国家落伍的原因，发现正是以孔子为代表的儒家及其经典，以其封建主义的意识形态，死死地束缚了人们的思想，于是在向西方寻找先进的思想的同时，提出了“打倒孔家店”的口号，儒家思想及其经典成为众矢之的。经典在新思想的视野下，即新的革命的意识形态的作用下，成为社会发展的障碍，经典就这样变为非经典。这是启蒙主义意识形态发出的声音。

“文革”时期，传统文化被称为“四旧”，更处于被横扫之列。“文革”后期还有“批林批孔”运动，孔子及其所推崇的经典，更是成为革命的对象、打倒的对象。其批判言辞之激烈，批判手法之粗暴，更是前所未有。这是“文革”意识形态嚣张的必然结果。20世纪80年代初中期，虽然人们的关注点转移，但孔子及其经典也还未进入我们的视野，因为那个时代主流的意识形态是清算“文革”，所谓“拨乱反正”，“乱”是“文革”“极左”之乱，“正”则是正统马克思主义之“正”。孔子及其经典不在“平反”之列。

但是随着时间推移到90年代中期，中国现代经济发展起来了，商业主义流行，拜金主义和拜物主义抬头，道德伦理下滑，社会上流行许多庸俗、低俗的风气，商业主义的意识形态把我们压迫得喘不过气来。这时候，人们回过头来，瞭望我们的古代，我们在发现唐诗、宋词、元曲、明清小说的同时，也发现了孔子和他的谈话录《论语》，发现了另一个儒家孟子，发现他们所推崇的"六经"，我们从传统文化及其经典中看到了儒雅、人文、仁义、真诚、智慧、友情、自然、纯朴、节俭等等，我们连忙往回走，力图接近它，这就是90年代兴起的国学热。何为国学？有的学者认为，就是以"六经"为中心的一套话语。这明显是从反商业主义、反物质主义的意识形态所发出的声音。

看来，"五四"反传统和九十年代的国学热，貌似相反，前者是解构，后者是建构，却都反映了时代精神的需要，所以，我们的结论是"经典形塑"与"意识形态"是同时登场的。

在这种情况下，我们今天以"回归经典"为旨趣重编教材，就不能不从我们今天时代的需要（即编者的意识形态）出发，对经典进行必要的选择。就以中国古代的文学经典和文学理论经典而言，其中精华与糟粕并存，人文与反人文的成分并置，既有真、善、美、人文、自然、超脱、高雅的部分，也有假、丑、恶、低俗、庸俗、封建、腐朽的部分，我们编写教材只能是取其精华去其糟粕，不能精华糟粕不分而一把抓。我一直认为，现代的思想，如真、善、美、自由、平等、博爱与古代经典中所蕴含的思想并非绝对对立，现代的思想在古代思想中也可以找到它的幼芽或表达，有时是非常好的表达。如"真"，庄子就有很好的表达，说"真者，精诚之至也。不精不诚，不能动人。故强哭者虽悲不哀，强怒者虽严不威……"。"善"，孔子的"己所不欲勿施于人"，就是一个具有现代意义的普世性的表达。"美"，柳宗元有很精到的表达，说"美不自美，因人而彰"，比朱光潜的美是主客观的统一还要好。我的看法是，随着时代的变化和需要，我们的标准可以不同，选择出来作为古代经典的篇章也不同。这样，在我们新编的教材中，就可以不断地对“经典”进行必要的“调整”或者新的阐释。

炎秋，我对你的问题的回答大体上就是这样，如有说得不对的地方，请多指正。

赵：谢谢童先生。您的论述对我们理解文艺理论教材的编写，以及当前文艺理论走向与研究重点及思维方式，都很有启示意义。

（《中国文学研究》2012 年第 3 期）

二　教学的艺术

我的“节日”

1958年冬，在一个寒风凛冽的早晨，在一个阶梯教室，我面对着“大跃进”招进来的300名学生，“呵呵”两声，清了清喉咙，用蹩脚的普通话，尽可能大声地喊了起来：“今天我们开始讲文学的类型……”，那声音大得让我自己也吃了一惊。这便是我的教学生涯的开始。屈指一算，至今我的上课历史竟有三十七年之久，这不免又让自己吃了一惊。

上课跟写文章是很不相同的。写文章是你自己守着自己的心，可上课你必须面对学生那一双双渴求知识和带着说不清的期望的可怕的眼睛。你必须始终用你的学识、逻辑、风趣、声音、手势，乃至你的仪表、风度、恰当的笑和突然的严厉，抓住学生的心。而最重要的是你的精神状态，你讲的是一个重复了多遍的问题，对你自己已经毫不新鲜，可你必须兴致勃勃，似乎这个问题对你自己也是第一次遇到，你的感觉必须与学生同步。你觉得某个问题很难，似乎不可言传，可你不能知难而退，必须对你觉得困难的问题用力，把难题讲得清楚而又透彻，否则学生就会给你一个评价：我们懂的，老师也懂，我们不懂的，老师也不懂。某个问题很枯燥，你必须调动你的一切积累，包括你的感情秘密，拿出来讲，把枯燥的问题化为有趣的故事……上课绝对是一门艺术，一门高级的艺术。

我在37年的教学生涯中，始而怕上课，继而喜上课，终而觉得上课是人生的节日，天天上课，天天过节，哪里还有一种职业比这更幸福的呢？我一直有一个愿望，我不是死在病榻上，而是有一天我讲着课，正谈笑风生，就在这时我倒在讲台旁，或学生的怀抱里。我不知道自己有没有这个福分。

上课既然是节日，认真备课是无需说的。你可以讲一个有争议的甚至是错误的观点，但每一个汉字你都必须读准，读错字是不允许的。因此连点名册上每个学生的姓名你也必须在开始上第一堂课前高声地先朗诵一遍。一个字有两种读音，你在点名时必须事先了解这位美丽的女学生的名字中的那个字读什么音。至于大部分学生常读错的字，你在读到这个字时，还必须把那个字故意读重一些，让学生交头接耳，以为老师读错了字，然后你把这个字音用拼音注出来，并说这个字有人常读错，这样，既纠正了学生的读音，同时获得了学生的信任感，这以后，你放心好了，学生们不再会交头接耳了。但这不是重要的。

上课前的那一个晚上，或上课的那天清晨，你必须洗一个澡，身上的污垢去掉了，会平添几分精神。平时你可以穿得随便一些，就是让学生看见你穿短裤，也没有什么不妥。但在走上讲台时，你必须穿上你的最好的服装。这是你的节日，此时不穿，何时再穿？我有几身西装，真过节时，倒很少穿，可上课时是一定要穿的。我全部的名牌就是一条金利来领带，这是货真价实的，是我获曾宪梓教育奖时亲自从曾先生手里接过来的，绝对假不了。每次我都细心地系上它。皮鞋必须擦亮，这我得感谢我的妻子，因为她知道我的习惯，她总是在上课前一天，把皮鞋擦亮，并放在我的书房门边，我很方便穿上。但这也不重要。

1963 年在越南河内师范大学

教室的讲台旁，通常总放着一把椅子，你千万不可坐下。这37年中，我在北京，在全国各地上课，在越南河内师范大学的茅草盖的教室里也讲过《诗经》、李白、杜甫、《红楼梦》等，在“文革”年代，在亚德里亚海之滨的地拉那，也曾给那些头发、皮肤都跟我们不一样的学生讲过鲁迅、“样板戏”等，我的习惯手里拿着一支粉笔站着、走着讲课，决不坐着。你们就想象我上课时的样子吧：他站着，讲着，随意地做着各种手势，你瞧，此刻他为了说明文学言语的“陌生化”，就如同把正常的步伐改为艺术的舞步一样，他竟在学生面前装成街上的游客东张西望地先走了几步，然后又跳起了三步舞或四步舞；为了说明人类的行为和心理总是符合“对立的原理”，他学举重运动员先蹲下后举起，学跳高运动员先用力一踏，再高高地翻滚起来，越过了横杆。虽然舞步并不漂亮，动作也不太规范，但这没关系，因为这舞步与动作，与所讲的观点十分吻合，引起学生会心的笑声。他自己也颇为欣赏自己的表演。虽然这很累，在他下课回家时，已瘫倒在沙发上。但这也不重要。

知识义理总是与生活体验相通的。为了深入浅出，你不能老是念讲义，不能老是操经过修饰的“外部言语”，你得把讲稿扔开，把你自己的生活体验，你尝过的甜酸苦辣，并操一种同朋友聊天时的未修饰过的但却充满激情的“内部言语”，让学生觉得你是一个会观察会体验会检讨自己生活的人。你不满意典型是个性与共性这个定义，你经过研究提出了“典型是富于特征的并能唤起读者的美感的形象”这个新的定义，这个定义是否比你否定的定义更科学，这让人去评说吧。值得讲的是你为了说明“特征”是什么，你把你全家三口都“搭”进去了。你说“特征”就是我下面讲的真实的故事：那时，我四十多，住在校外，每天骑自行车上下班，上课，开会，还担负行政工作，早出晚归，家里的家务事都由多病的妻子操持，有时回家很晚，常遭妻子埋怨。有一次，我回到家时已近晚上十点，妻子、孩子等我回家吃饭，都等急了。这一次我的遭遇非常糟。妻子怒不可遏，难听的话劈头盖脸向我袭来。说我在家什么也不干，是个白吃饭的，一骂就是半小时。我像一个犯了错误的小学生，低着头听着这空前绝后的唠叨。我心想我也做了家务事，你怎么能这样一笔抹煞呢？但我不敢出一声。我对我的孩子出来为我辩护几句，以收拾这难堪的局面也不抱信心，因为他总是站在他的母亲一边。然而奇迹出现了，我的孩子突然向我走过来，一下子夺下我的还挂在肩膀上像粪兜一般的黄色的书包，尽情地往地上用力一倒，然后指着地上的乱七八糟的东西，冲他母亲吼叫起来，你看，你说我爸是白吃饭，什么也不干吗？看他书包里装着什么。是的，地上散开了我书包里的东西，有正在读着的夹满了纸条、划了许多红道的书本，有密密麻麻写了许多小字的讲义本，有刚做的卡片，有学生的论文、作业，有给老家寄的汇款的存根，有粉笔头，有发干的白菜叶，有半干不干的切面条，有破碎的干馄饨皮，而馄饨皮上还粘着黏黏糊糊的肉末，它已经发臭了……是的，看着地上的这些东西，我妻子哭了，我孩子哭了，我自己也流下了眼泪。那些不应该在书包的东西是我下班时为家买的，我身上只有一个书包，我就让它们与书本、讲义、粉笔临时做了伴……我的一次生活危机就这样过去了。一代中年知识分子的丰富而艰辛的生活，都浓缩在这个书包里。这书包就是特征。学生们为你的故事鼓掌，他们理解了“特征”的含义，似乎又从感情上受到感动。课后，有学生为此写诗赞美你。但这也不重要。

你是老师，但你在学生面前决不能摆老师架子，似乎自己讲的句句是真理。你允许学生在你讲课中举手插话，提出疑问，或反对你的意见。我有一位学生，叫陶东风，他跟了我七年，从硕士生到博士生，他如今已是文学博士，副教授，在学术界小有名气。他从不当着我的面说我的好话，但我们关系融洽。他就是总要在我讲课时插话“反对”我的一位，我讲着讲着，突然他会固执地举起手来，要求发表不同的看法，他陈述他的理由，此时课堂气氛特别好，有的同学同意他的意见，有的同学不同意他的意见，激烈地为我的观点辩护，他们争得脸红耳赤，把我这个老师暂时忘掉了，到头来他们往往“两败俱伤”，他们主动说咱们还是听听老师怎么说吧，多数情况下总是我的意见占了上风。而有意义的是我讲的一个观点通过这种争论而被学生消化了、发展了，受益的不但是学生，而且还有我自己。这就叫作“教学相长”吧。但这也不重要。

……这也不重要。

……这也不重要。

最重要的是上课的感觉，这是一种快感，一种美感，一种价值感，一种幸福感，一种节日感，一种自我实现感……对了，我想起了小时候，在小溪里抓鱼，抓了好半天，还一无所获，突然手运来了，我终于抓住了一条肥美的鳜鱼。我的一颗幼小的心剧烈地跳动起来，我永远不会忘记那一时刻。幸运的是我每上完一堂成功的课，都有抓住一条鳜鱼的感觉。

（《人民文学》1997 年第 8 期）

教师的生命投入

人们都知道教师这个职业是神圣的。为什么这个职业是神圣的呢？因为它要求从事这个职业的人全部生命的投入。不是半个生命的投入，是整个生命的投入。我大学毕业后留校当教师，一当就是48年，我一直站在讲台边，从未间断。其中的体味不是语言能完全表达的。1998年我曾经写过一篇散文《上课的感觉》发表在校报上，那是用我的教学经历注释我的老师启功先生为北师大题写的“学为人师，行为世范”的校训，也总结了我大半生的从事教学工作的体会。后来改名为《我的“节日”》发表在当年的《人民文学》上，被五六种刊物转载，还获了散文奖。那种散文一辈子只能写一篇，因为是用生命写成的。我这篇文章不重复那篇文章中的体会，想从教师的职业和生命的投入的关系来讲对教师职业的一种理解。

当教师，似乎只是站在讲台上，面对的是渴望知识的学生眼睛，他不是上前线打仗，不要冲锋陷阵，不要拼刺刀，不要堵枪眼，难道也要付出什么生命的代价吗？是的。我认为最优秀的教师总是用尽生命的最后一口气来为学生服务的人。这样的教师很多。就我个人的见闻，我自己一生最佩服的有如下几位教师：

一位是19～20世纪德国的大学教授恩斯特·卡西尔。卡西尔1874年出生于德国西利西亚的布累斯劳（今波兰的弗芬茨瓦夫）的一个犹太家庭。经过多年的努力后，于1919年起担任汉堡大学哲学教授，1930年起担任汉堡大学校长。在这期间，他逐渐创立了所谓“文化哲学”体系。1933年，希特勒上台，实行法西斯专政，卡西尔认为这是“德国的末日”，他辞去汉堡大学校长职务，离开德国。其后辗转于英国牛津大学、瑞典哥德堡大学、美国耶鲁大学，最后于 1944 年就任于哥伦比亚大学。他的一生始终没有离开教席。他对学生的教育、爱护，可以用“忠诚”两个字来形容。他最后是死在教席上的：1945 年 4 月 13 日，在哥伦比亚大学美丽的校园里，一群学生围着卡西尔提问，卡西尔耐心地回答着、回答着，就在这时他猝然而亡，死在学生的怀抱里。恩斯特·卡西尔不但以他的百科全书式的渊博学识征服了世界的学术界，同时也以他对教师职业的热爱、对学生的热爱、对教学的热爱而感动我们。他是一位著名的学者，又是用生命来证明教师职业的神圣性的一个教师。

一位是华罗庚。华罗庚是中国的数学大师，他的感人的生平事迹，他的享誉中外的成就，这是大家都知道的。实际上，华罗庚也是一位以自己的生命投入的优秀的大学教授，一位普通教师。他曾先后在清华大学、英国剑桥大学、西南联合大学、美国普林斯顿大学、伊利诺伊大学、中国科技大学等大学担任教授。他的学生遍天下。他对学生提出“天才在于积累，聪明在于勤奋”的箴言。他要求学生的不仅仅是“速度”，而是“加速度”，“速度”是出成果，“加速度”就是要提高成果的质量。老年华罗庚知道年龄不饶人，但他说：“村老易空，人老易松。科学之道，戒之以松，我愿一辈子从实以终。”所以就在住院期间，仍坚持工作，而且说：“我的哲学不是生命尽量延长，而是尽量工作。”他逝世的情境，与卡西尔的逝世的情境，极为相似。75 岁高龄的华罗庚 1985 年到日本讲学。那年 6 月 12 日下午 4 时，他站在东京大学的讲台上，讲“在中国普及数学方法的若干问题”，精神矍铄，先用汉语讲，后征得与会者的同意，改用英语讲，会场立刻活跃起来。他的讲演生动活泼、言简意赅，博得阵阵掌声。他越讲情绪越高，脱下了上装，解下了领带。原定的 45 分钟的讲演时间过去，又补充讲了 20 分钟。讲完后，听众热烈鼓掌，他准备从椅子上站起来表示谢意，突然，他倒下，心肌梗塞，不治而亡。这又是一位用自己的最后生命抒写完自己教学生涯的教师。

第三位是我的业师黄药眠教授。黄药眠是当代著名的文艺理论家和美学家。他 1951 年从香港达德学院返回大陆，出任北京师范大学一级教授，从 1953 年起担任北师大中文系系主任。他对教育的献身精神是难能可贵的。1957 年 6 月 8 日那天，他自己预感到过不久就可能遭到批判，不能再站在讲台上传道授业解惑，于是他决定马上给学生讲了一个题为“美在评价”的题目，副标题是“不得不说的话”。他解释说，这是他长期思考的一个问题，但没有完全被准备好，可是时间不等人，要是拖下去，可能就没有机会给大家讲了。在场的学生都不能理解他的这番表白。6 月 10 日，他就被定为“右派”，遭到了不应有的批判。这一批，长达 22 年之久。改革开放后，他的“右派”身份被彻底平反，可此时他已经垂垂老矣。他患有严重的心脏病，讲课对他来说是不相宜的。但是在 1983 年春天，80 高龄的他坚持要给学生讲最后一次课。他走进了教 2 楼的一间教室，学生们起立迎接他。他在讲台旁坐下，他的手伸进书包。我们以为他是在拿讲稿，但出人意料的是他拿出了三个药盒子，在讲台上一字排开，然后叫我过去，告诉我，如果他在讲课过程中突然倒下，怎样把药放在舌下……然后他从容地开始讲他的最后一课。这也是一位用自己的生命作为代价而要把讲课进行到底的教师。

真正的教师应该是用全部的生命抒写自己的职业的人。他的感觉中要有学生，他的感情中要有学生，他的想象中要有学生，他的理解中要有学生，他的思想中要有学生。必要的时候，他的装束，他的仪表，他的手势，他的微笑，他生命活动中的一切，都要以学生的需要为依归。我自己平时穿着是很随便的，但在上课的时候，我一定要穿上最漂亮的西装，系上最心爱的领带，把皮鞋擦个锃亮，不为别的，就是让学生看着舒服，让学生感到这位老师就是在穿衣这样的细小的事情上也是尊重他们的。我的几位当作家的学生描写对我的印象，毫无例外地都写到我的穿着。莫言、毕淑敏、迟子建、刘恪等学生都用诗意般的句子来描写我的穿着，甚至认为一位老师的穿着如何是能否获得学生“信任”的第一印象。其实，学生们不知道，我每次洗澡都是因为第二天有课，我觉得洗完澡之后，讲课时会平添几份精神。连洗澡也是为他们。

你既然当了老师，你的生命就属于你的学生，你要把生命所拥有的一切，奉献给学生。学生才是你的“上帝”，难道不是这样吗？我一直在诉说我的一个愿望：我不是死在病榻上，而是我正在讲课，讲得兴高采烈，讲得神采飞扬，讲得出神入化，而这时候我不行了，我像卡西尔、华罗庚一样倒在讲台旁或学生温暖的怀抱里。我不知自己有没有这种福分。

教师也是人，也要钱，没有钱是不行的。但是为了学生，你就不能斤斤计较。没有钱的活儿，只要对学生有益，你必须全心全意去做。从 1994 年起，我给我校文艺学一年级博士生开设“《文心雕龙》研究课”，每年讲一学期，每周三小时，至今已经讲了 11 届了。尽管这门课已经讲过多次，但每次还是要备课。有时高兴，自己在书房里朗读那古奥的《文心雕龙》，摇头晃脑，乐在其中。但是这门课按照我们学校的规定是不计工作量的，我辛苦了一个学期又一个学期，拿不到一分钱。可我的课让这些新来的博士生知道怎样读书，怎样搞研究，怎样写论文，怎样思考问题，同一届的学生应如何团结成一个相互支持的集体……这就值。我会继续讲下去。

教师生命是宝贵的。他的工作，不仅仅是用话语，是用全部心灵，是用全部生命，是整个生命的投入。他的生命永远属于他的学生。

2006 年 3 月 2 日

讲课：外部语言与内部语言的交叉

我几十年给学生授课的另一心得是，讲课时需要外部语言与内部语言交叉使用。从一定意义上说，人拥有两种语言，一种是外部语言，所谓外部语言是经过人的理性深思和构思过的语言，它能科学地、准确地表达对一个问题的理解。它经过人的意识的完全过滤，因此它是完整的，经过修饰的，既不多余，也不缺少，一切都恰到好处。学术术语的运用也是必不可少的。如同我们听外交部发言人的发言那样，字斟句酌，该强调的强调了，该留下想象空间的也留下了。如果对某问题不作回答，干脆用“无可奉告”加以拒绝。外部语言虽然明确，却给人以干巴巴的印象。所谓内部语言，就是随意的，似乎是不经构思的，脱口而出却是生动的甚至感人的语言。这种语言是即兴式、未经自己的意识完全过滤过的，它更贴近说话人的内心世界和感情，因此如果把它写下来的话，会觉得有的话不通，断断续续，不够规范，动词用得特别多，而修饰语大为减少。

我上大学的时候，有一位原辅仁大学教授，后出任北师大中文系教授的叶岑芩先生，给我们讲课时他运用他的一副花镜，把外部语言与内部语言区别交叉在一起，讲得有声有色，受到同学们的欢迎。他写讲稿，当他坐在讲桌旁埋下头读讲稿的时候，就会把花镜戴上，用较慢的语速，平静的语调，一字一句读出来，让学生都能一字不落地记录下来。这时他是在运用他的外部语言，力图把他所讲的问题学理化，精确地表述出来，用无懈可击的逻辑征服学生。但当他读完了一段讲稿，把花镜摘下来，把头抬起来的时候，听课的同学们也似乎松了一口气，知道这时候叶先生要举例说明他的观点了。这时候，叶先生完全甩开讲稿，用他平日背过的诗词或小说里面的一个细节，加以生动的、具体的分析，有时候他突然会从座椅上站起来，挥着手，语调抑扬顿挫，十分有感染力。学生们开始聚精会神地看他的即兴式的表演。实际上这时候他是在运用内部语言。

叶先生的课给我留下了深刻的印象。后来我发现我所敬仰的老师，凡是课讲得好的，都是如此做的，不过所用的方法略有不同。我当青年教师的时候，太看重讲稿。以为上课就是把讲稿上的东西读给学生听。后来我发现这样的课不受学生的欢迎，于是开始向叶先生和其他老教师学习，力图把外部语言与内部语言结合起来。但我发现要完全做到，不是一日之功，不可能一蹴而就。因为当你运用内部语言的时候，那正是表现你作为一个教师的深厚素养的地方，如果你的学问积累太少，知之不多，是不可能做到的。你虽然抬起了头，虽然背出了一段古诗，虽然眼睛面对着学生，但你不会分析，或分析得不深刻，不能在细微处见功力。于是在很长的一段时间里，我开始背诵《水浒传》《红楼梦》的一些有趣的段落，背诵屈原、陶渊明、杜甫、李白、苏轼（这是我最推崇的五位中国大诗人）的一些诗歌，更重要的是我反复琢磨，学会分析这些作品，学会如何在细微处见精神。我后来的发现是：文学与生活是相通的，自己的切身经验和体验就是一笔了不起的财富，何必处处举过往作家作品的例子，你可以讲你的一段经历，一段见闻，甚至你做的一个梦……即兴地扣紧问题地分析它。渐渐地我又发现我祖母的故事、我母亲的故事，也具有文学性，为什么不可以分析她们的故事呢？这样从书本到生活，都成为我讲课的内容，我感觉到这是一个无边无际的永远也淘不尽的海洋。当然认真写讲稿是必不可少的，因为这外部语言是你学问的真实的钢筋结构。再后来我又发现我这样讲课的过程，就是一个研究问题的过程，为什么不可以把讲稿和你在课堂上发挥的内容整理出来，变成一部著作呢？当然这是可能的。至今，我的近一半的著作都是由我的讲稿整理出来的。黑格尔一生的著作都是讲稿，他一门课每讲三遍，就出版一部著作。我虽然没有黑格尔的才华，不可能每讲三遍，就整理出一部著作来。但总可以讲五六遍之后，腾出时间来整理讲稿吧！所以教学与科研就这样自然地结合起来了。

在讲课中，要把外部语言与内部语言结合起来，是很辛苦的事情。有时候刚刚要入睡，突然一个有意义的生活细节涌上心头，我就会立刻翻身起来，记录在笔记本上。有时候某个诗人的某一首诗，恰好能说明某个问题，我也立刻把小本拿出来，简要地记下来。甚至于讲课中某句话换一种说法，更能打动学生，也一一作了笔记。后来，我又想这些材料中的一部分为什么不可以写成小说或散文呢？这都是具有文学性潜质的东西，于是我开始写小说和散文，虽然写得不是特别好，但长篇小说《生活之帆》不是印了七万册吗？散文《上课的感觉》[1]不是还得了散文大奖吗？有不少篇章不是得到读者的欢迎吗？原来讲课、科研和创作是可以贯通的。这是我几十年教学生涯的又一个体会。

2009年12月20日

① 载《北京师范大学校报》1997年4月25日，《人民文学》1997年第8期改名为《我的"节日"》再次发表，天津《散文》(海外版) 1998年第1期转载。

教学日志两则①

允许学生质疑，亦此亦彼

我从 1958 年开始给大学生上课。回顾这 51 年的漫长的教学生涯，有许多东西值得回味。

其中一点，就是如何处理师生之间的不同观点和看法。教师是“此”，“此”有“此”的观点；学生是“彼”，“彼”也会有不同于“此”的想法和看法。我的几十年的经验是允许“亦此亦彼”，允许学生质疑老师。

研究生导师要有这种海纳百川的襟怀。这也就是我们现在常谈到的宽容。宽容就意味着要容纳各种意见，不要以为自己今天是老师，就一定是正确的，就对学生的不同意见不能容忍。一个老师不能摆出一种“唯我独尊”的面孔——遇到学生对自己的质疑，就非此即彼，容不得一点不同意见。我记得 80 年代初我开始给研究生上课，就立一条规矩：我在讲课中，如果同学们有不同意见，可以随时举手，或向老师质疑，或提出自己的不同于老师的意见。

学生看我立的这条规矩是真诚的，他们听课就特别认真，总想找出老师的错来。我记得总有那么几个学生特爱动脑筋，在他以为老师讲得不正确的地方，突然高高地固执地把手举起来。我就请他发表意见，好，这就像水开了锅，反对我的意见的学生讲完他的意见后，维护我的意见的学生就不依不

① 此标题为本书编者所加。

饶地跟反对我的学生辩论起来，双方越讲越深，结果常常是我的意见在被学生们补充、深化后而被接受了，但也有几次我的意见被驳倒了，学生们胜利了。下一次备课，我自己就更谨慎了，一个问题想过来想过去，唯恐上课时又一次被学生抓住什么。有人说，你这不是给自己出难题吗？是的，我就是要给自己出难题，因为难题的解决是自己的提高，是学生的提高。我有几个学生在青年学者中脱颖而出，我认为就跟那时的训练有关。在学术意见上，有时输给学生也不是什么可耻的事。对学生应如此，对别的人何尝不应如此。宽容是一种崇高的精神境界。

近翻恩格斯的《自然辩证法》，读到了如下一段话："辩证法不知道绝对分明的和固定不变的界限，不知道什么无条件的普遍有效的非此即彼，它使固定的形而上学的差异互相过渡，除了非此即彼，又在适当的地方承认亦此亦彼，并且在对立的东西之间起中介作用。"这段话很有意思，恩格斯的意思是，辩证法不是那种狭隘的方法，它有时是"非此即彼"，但有时也承认"亦此亦彼"，在对立中也可以有沟通两者的"中介"。由恩格斯的这句话，我们才知道无论在哪门学问上，有时也不必认定一种，而排斥其他，实际上看问题的角度可以多种多样，学问可以是"此"也可以是"彼"，也可以是这二者之间的沟通。对一个问题的看法更可"亦此亦彼"，"此""彼"只要说出道理来，就无须求一致。总之，"亦此亦彼"也是一种宽容精神。

老师与学生之间有了这种交流，对所研究的问题的理解，就可以得到深化。教师学生都受益。这就是所谓的教学相长吧！

2009 年 12 月 20 日

宽严相济

如何对待自己指导的研究生，是每一位导师要面对的问题。有的导师主张对学生不要太严，要宽松一些才好；有的导师主张对学生要严格要求，严师才能出高徒，才不会误人子弟。我在近三十年指导研究生过程中，经过长期摸索，感觉到对学生要宽严相济。

何为严？就是对学生的学业一定要严格要求，丝毫不能放松。学生来学校，愿意做你的学生，就是希望得到导师的指导，学习到真知识、真能力、真功夫。学生既然想学习到真知识、真能力、真功夫，那么老师严格要求就是符合学生的愿望的。也许在学习过程中，老师训斥自己，无情地呵责自己，可能会伤自己的自尊心，一时受不了，甚至对老师的训斥和呵责十分反感。但如果经过老师的这种严格的要求，而更认真地对待自己的学业，听取导师的指导，顺利拿到学位，论文一篇又一篇地发表出来，很快就在众多的竞争者中脱颖而出，自己的实力迅速强大起来，自己想要的很快就都要到了。这时候，在一个夜深人静之时，扪心自问，自己的进步为何会这样快，他或她就会想到，这是某年某月导师的呵斥触动了自己的心，从此发奋起来，这是一个转折点，如果没有导师的这次严厉的呵斥，那么这个转折点就不会有，后来的一切都是不可能的。他或她似乎又一次凝视导师那严厉的目光，不过这一次是带着微笑的凝视。他或她发自内心地感谢这位导师。他或她会想，我现在能给老师做点什么呢？我的执教生涯中，就遇到这样一位学生，他的博士论文初稿写得很差，完全不能令我满意。我在别的学生面前，当众批评他，一直呵斥到他哭了起来，流下了眼泪。当然，他很皮实，没有去寻死觅活，他认真地接受了我的批评，听取了我的指导，他最后修改的论文很优秀，顺利通过。他把论文拆开，连续在国内的刊物发表。毕业后，他当上了某高校的教师，很快评上了教授。他的论文获得了海外的重视，人家称他为什么什么专家。每年春天，在新茶下来的时候，我都会收到从南方某地寄来的一盒茶叶。我不用看，就知道是他寄来的。我从来不把这盒新茶，仅仅看成是一盒茶叶，这是我获得的一枚奖章。我把这枚奖章看得比任何奖章都重要，因为这是我执教成功的一个证明。

何为宽？就是在学生遇到困难的时候，譬如犯了一点什么小错啦，生病啦，失恋啦，家人出事啦，穷得揭不开锅啦，找不到工作啦……这时候你就得想尽一切办法，像一位父亲那样去帮助他或她。你得设身处地地为他或她着想，就当是你自己遇到的困难，甚至比你自己遇到的困难更认真地去对待。是的，我对自己的事情，常常是听其自然，很少去争什么。我为自己的事，绝不走后门，绝不踩领导的门槛，绝不托人做什么对自己有利的事情。但为了学生，为了解决学生的困难，为了帮助学生，我可能去走后门，可能会踩领导的门槛，可能会托人为我的学生办事。是的，所谓“宽”，就是为学生排忧解难。至今，我仍然保存几封学生的信，信的大意是说，我为他或她做的事，比他或她父亲做的事还多，我就是他或她的父亲。学生们从不会忘记我的生日。

这就是我所理解所实践的宽严相济。

这不，今天是我的 74 岁的生日。我这几天已经接待了几批学生。今天中午，我的最老的一批学生（最老的已经 60 岁出头）又要给我办生日宴。请原谅我吧，让我在日志上这样随意地自吹自擂一回吧，因为今天是我的生日。

2009 年 12 月 27 日

做一个有仁爱之心的好老师

正如习近平总书记在考察北京师范大学与师生代表座谈时所讲，做好老师，要有仁爱之心。教师这个职业最根本的东西，是热爱自己的学生，热爱自己所从事的教师这个职业，这样才会全心全意地投入到培养学生的过程中。否则一切都谈不上，这是做一个好老师的一大前提。

热爱学生要事事为学生着想

老师是针对学生而言的，没有学生，何来老师？所以要热爱学生。热爱学生不是一句空洞的话，要表现在培养学生的各个方面。韩愈在《师说》里说道：传道授业解惑。我觉得在整个的过程中，都要热爱学生。比如说传道，老师要时刻意识到自己是一个老师，并把它变成一种无意识的东西，变成一种习惯，变成自己对周围事物的信仰，这样才会以身作则，去影响学生，这是非常重要的。面对学生，要把他当做一个有个性的、有理想的、有天赋的、有不同追求的、有不同梦想的人，事事都要为学生着想，不要为个人着想，这是热爱的一个很具体的表现。

很多资料上说我当老师是从 1958 年开始的，实际上不是 1958 年，而是 1955 年。因为我读的是福建龙岩师范学校，在那个时候就开始实习当小学老师。我在小学里教过数学、语文、体育、音乐……所以到现在为止应该是整整 60 年了。经过三年的师范学校的学习和到北京师范大学的学习，我个人有了很大的变化，那个时候的变化主要来自于自己读书、学习，当时学马克思主义、列宁主义、毛泽东思想，特别是读一些文学作品。当年我们读的文学作品都是一些苏联的优秀文学作品。比如《钢铁是怎样炼成的》，这是当时我们最喜欢读的一本书，这本书对我们影响很大，对我们树立个人的伟大理想影响是很大的。

1955 年在龙岩师范实习与学生合影

当老师是一个不断修炼的过程

我大学毕业的时候，填的第一志愿就是到内蒙古。对于当老师，觉得这是祖国的一种需要，人民的一种需要。当然，我没想到后来我会留校，从事高校的教学。当时也不是很适应的。我 1958 年上课时，常常是在新一教室，这个教室的位置是在现在学校里启功先生写的那个校训牌子的背后，学十六楼，原来那个地方有个教室，叫新一教室，是能容纳 400 人的大教室。1958 年，中文系学生有 400 人，只能在那个教室上课。那个教室条件差，没有麦克风，只能站在那个地方，喊着、叫着，坐在后面的同学才能够听清楚。我喊了一学期，终于习惯了那里的条件。

所以，习惯当教师的过程，也是一个锻炼的过程，不是说走上了讲台，就是一名好教师了。走上讲台的时候，可能只是一个粗略地知道当教师的规则的人，一个知识拥有者。光是念讲稿是不行的。一个老师在课堂上给学生传授知识，要念讲稿，又不能只念讲稿。怎么来理解这个问题呢？我多年的讲课形成一个习惯：最重要的基本点我要念一遍，甚至两遍。念完之后我就要说开，开始用自己全部的知识和对世界的理解来给学生讲，这样学生听到的是非常具体的东西。比如我讲小说，我把《红楼梦》所有的标题、一百二十回回目全部背下来，把《红楼梦》里面一些特别精彩的段落也全部背诵下来，所以我讲的时候是甩开书本的。我讲《红楼梦》，给同学们举例，我是背诵出来的。这样学生就觉得讲得非常生动、非常活泼、非常有吸引力，所以他们听得进去。

教学是要有感染力的，感染力从何而来？从对所讲的知识的熟悉程度中来。有的老师，为什么讲来讲去大家不喜欢？就是因为他对所讲的内容不太熟悉，或者说没有做到十分的熟悉，因此，讲的时候他不能离开讲稿，一离开讲稿，就会讲错，这是不行的。做一个老师，一定要让你的课有活力、有感染力，要做到对你讲的东西十分地了解、十分地熟悉，能够张嘴就来，这一点非常重要。因此你能够自由地发挥、自由地演说，有时候在演说当中会很有诗意、很生动、很感染人，让学生一辈子忘不了。这样，这节课就成功了。

成为一名称职的教师的过程是很复杂的，是一个学习的过程，是一个锻炼的过程，不是一步能达到的。我自己就是经过多年的教学，最后才达到的。我们今天讲教学相长，主体是老师而不是学生。为什么主体是老师呢？因为课是老师在上，老师设置的思路、老师讲的问题、老师自己作出的回答，是老师从书本上得来的东西。但实际的讲课过程中，可能有很多例外。所以我的课是允许学生当场举手提问的。学生可以提出不同的意见跟我争论，这种对话式的讲课也是为了增加教学感染力。

还有一种课是我跟学生一起读书，我们大家都来读同一本书。一本书可能很厚，有四五百页，我们要在一个学期里把这本书读好。其实，读的这本书，就很可能是研究的一部很重要的著作。比如我给研究生讲《文心雕龙》，我讲了接近 20 遍了，我在读这本书的过程中，读一篇，我就写一篇论文，然后拿出去发表，发表了 30 篇。最后，我把这些论文归拢到一起，出了一本书，叫《文心雕龙三十说》。

我以前给莫言等学生讲过一门课，叫“创作美学”，讲一些问题时就讨论他们的作品。像莫言的作品《红高粱》里面说“一泡尿，撒到高粱上面，后来变成酒，变成十八里香”。我问他：难道这是真的吗？真实的理解应该是什么？你这是文学的写法还是直接写实呢？他站在那里说不太清楚，最后说这是写实的。我说你说得不对，然后提出另外一种解释，完全是文学角度的解释，给全班同学讲，大家都理解了，那些学生也爱听我的课。

老师要学习一辈子

一个老师应该把研究和教学融为一体，不是孤立的。如果教学搞一套，研究搞另一套，是不行的。一个老师要为他的教学、为他的学生着想，他研究的东西、结果正是学生需要知道的。所以我的一系列的书、一系列的文章写的都是跟教学密切相关的问题，而不是离开教学单做的问题。

对学生的爱、尊重，还表现在一个老师行为举止的各个方面，包括穿着、外表给人的各种印象。我一直把上课比喻成过节，最好的衣服要在过节的时候穿。对老师来说，就是应该在上课的时候穿，这是对学生的一种尊重。

我的老师黄药眠、启功给我的影响有很多，说不尽。当年启功先生、黄药眠先生、钟敬文先生就住我附近。大体来说，他们给我的影响最重要的就是要学会独立思考。遇见问题不要人

钟敬文（左）与启功（右）交谈中

云亦云，要敢于独立思考问题，这个是很重要的，对于一个老师来讲，他自己就要敢于独立思考，对学术界大家意见一致的很多东西提出不同的意见。举一个例子，黄药眠先生是搞美学的，什么是美？他说这个问题的提法就有问题。因为美是没有的，开头一听你会觉得很奇怪，为什么美是没有？后来我理解了，他的意思是美不是孤立存在的。比如在某个深山里面、某个原始森林里面，有一丛花，春天开了，到秋天就落下来了，但是从来没有人见过。我们能说那丛花是美的吗？所以美是没有的。我们提问，不能提什么是美，而只能提什么是审美，审美是有的。什么是审美？审美就是把人、人的感觉包括了进去。我的老师在私下会说出一些大家都认同的而他们却不认同的问题，这种独立思考的能力会给人很大的帮助和启发。

有的老师不善于学习，不善于提高自己，不善于扩充自己。其实老师这个职业就要学习一辈子，不是我学习完了，才去当老师，而是要一边工作，一边学习，不断地学习，要学习一辈子，把学习看成比什么都重要，这样他才能不断地提高自己的素养、储备更多的知识、理解更多的问题，这样他教学水平才会更高。现在普遍流行的就是一个老师就讲一门课，讲十年八年，年年都是那本旧讲义。实际上，老师应该不断扩充自己，老师要不断提高自己。教学生学习，自己也要学习。

（《北京师范大学学报》2015 年第 1 期）

三　学习的智慧

积累·体验·对话

编者要我谈点治学经验，心里惴惴不安。因为自己的学问连自己都不满意，怎么敢介绍治学经验呢！只是自己是个教师，平时免不了给学生谈到自己学习、教书和研究中的一些甘苦，学生们也还听得进去，这次就把其中的几个要点写出来，供有志于治学的青年作参考。

积　累

我家很穷，我在上中等师范时，最高的志愿是当一名小学教师，每月给家里寄些钱，让家里每天都有米下锅。但我很幸运，在师范毕业时被允许报考大学，并考取了北京师范大学中文系。大学毕业后，我留校任教，进的是文艺理论教研室。如果我一直平稳地待在室里，那我想是搞不出名堂来的，因为幼稚的我一定会被那些文学理论的名词概念弄得晕头转向。我可能是被人认为业务没有发展前途，而被派到学校的社会科学处当一名职员。白天我坐班，晚上我开始研读《红楼梦》，在隔壁同事们的搓麻将声中，我天天晚上与贾宝玉、林黛玉们在一起，在经过了两年的努力之后，我完成了我的第一篇论文《高鹗续红楼梦的功过》，并且又碰上了曹雪芹二百周年祭，我的论文经过了五位教授的审查后，在学报发表出来。可能由于有这篇论文，中文系重新接纳了我。现在回想起来，这就是我治学的起点了，或者说开始了治学的“积累”的过程。

“厚积薄发”是治学名言。但是，我的青年时期是一个政治运动连绵不断的时期，并不是你想读书就能安下心来读书的。然而，“幸运”之星第二次照耀我。当我的同事纷纷下乡搞“四清”的时候，我被派到越南国立河内师范大学外语系任教。由于那次派去的五人中没有一个是搞古典文学的，而河内师大又必须要一位教中国古典文学的教师。这困难的任务终于落到我的头上。河内师大中文专业学生的水平相当高，他们是三四年级的学生，其中又有不少华侨子弟，因此对中国老师的要求也比较高。我同时教中国文学发展史、中国古典文学作品选和写作三门课，此外还要给系里的青年教师讲授古汉语课程，有时一周要上 24 节课。困难的还在于所有的教材也要自己编写。这样我就开始了一个长达两年的“边干边学”的教学和研究生活。这段生活是难忘的。我发现我大学期间学习质量是很低的。一切都要从头开始。在那里，我还发现一个教师和一个专门的研究者的区别。某些研究者对于材料的使用，只需有整体的理解就够了，有时不必去抠每一个字的读音和意义。但对教师来说，对你要讲的东西，只有整体的大致的理解是不够的，因为往往你自己不甚明了的地方，也正是学生不明了的地方。这样，在备课时，你就必须把每一个字的音和义都弄得十分清楚，然后才能走上讲台。在越南的两年，我编写了一部 20 万字的《简明中国文学发展史》、50 万字的《中国古典文学作品选注》，并由学校油印出来。我记得，我那时的认真是少有的。例如我不满意郭沫若的《离骚》翻译，就自己逐字逐句重译，直到满意为止。这两年的教学生活，对我来说是又一次“积累”。我的古典文学的基础主要是在这段时间打下的。

1968 年与阿尔巴尼亚地拉那大学学生在一起

从越南回国后不久，

“文革”开始，当大家忙于打“派战”之际，“幸运”之星第三次照耀我这个“逍遥派”。我又被派到地拉那大学历史语言系任教。我给学生讲现代汉语、屈原、李白、杜甫、鲁迅和“样板戏”。工作并不重，有的是时间，可就是没有书可读。地拉那，连汽车声都难得听到的、寂静的、气候宜人的地拉那，真是读书的好地方。去哪儿找书呢？当时中国驻阿使馆的文化参赞似乎是从我的脸上看出了我的苦恼。他告诉我，大使馆内有一个中文图书馆，只是你要“借”书得有勇气。原来图书馆被使馆内的“红卫兵”贴了封条，若真想读书可以想办法去“偷”。我那时真是太寂寞了。我利用使馆人员午休时间，一次又一次“潜”入使馆去“偷”书。后来发现地拉那图书馆也有不少中国书，因没人识中文，堆在那里，没有整理上架。我便讨了帮他们整理书的工作，条件是准许我随意借书。在地拉那工作的三年，我不但系统地读了《史记》等古代典籍，而且还读了中外的诗歌、小说，特别是《鲁迅全集》我读了两遍，积累颇多，收获匪浅。

我的专业是文艺学，可我教的课，读的书，却古今中外无所不包。从古到今，从语言到文学，从史到论，我都摸了摸，这使我积累的知识比较广，为后来的学术研究作了较好的准备。学术研究工作要懂得限制自己，不能什么都抓，但为学术研究所涉猎的面则愈宽愈好。知识的积累愈多，内存就愈深厚，视野就愈开阔，研究中知识就可能实现自由组合，最终也就能有所发现。就像植树挖坑，你想挖得深，开挖的面就得宽。治学是一个不断积累的过程，在长期的学术生涯中，难免不遇到这样或那样的困难，但只要有一种爱情般的苦恋，宗教般的虔诚，困难是可以克服的。

体　验

书本知识往往是死的，怎样把死的知识变成活的呢？这就要从生活中去体验，把书本与生活接通，死的也就变成活的了。特别是搞文学的人，若不能从生活中去体验，文学的那种具体的、感性的、微妙的、难于言传的生命力也就很难把握住。我经常对学生说：“对于研究文学的人来说，经历是一种重要的财富，经历中的生活体验更是一种重要财富。因为过去时代的作品，是作家对当时的生活体验的结晶，我们必须有相同、相通、相似的生活体验，才能深刻地理解古人和前辈作家的作品。在深刻理解作品的基础上，进一步的研究才有可能。”杜甫在《水槛遣心》中有“细雨鱼儿出，微风燕子斜”的诗句，这十个字无一字虚设，体物之微之准，十分难得。我出身于有山有水的农村，是乡下人，对鱼和燕子的活动仔细地观察过，所以对杜甫的这两句诗别有会心。大雨，鱼儿感觉有东西可能危害自己，所以伏而不出，细雨，鱼儿觉得似有食物从天而降，所以纷纷浮出水面觅食，那小嘴一张一合，景观煞是好看；大风，燕子的小翅膀不胜风力，是无心在空中戏耍的，只有在微风中，燕子才会展开翅膀，在风中倾斜着抖动。杜甫的《船下夔州郭宿雨湿不得上岸别王十二判官》中有“风起春灯乱，江鸣夜雨悬”的句子，表面看起来似不通，灯怎么会乱，雨又如何能悬着呢，实际上是把诗人因夜雨不能上岸会久别的朋友的心情，写得淋漓尽致。“灯乱”“雨悬”都是从一个焦急的人的眼中看出。我自己因也有相似的体验，所以也就能体会杜甫的描写。作家创作要调动自己的全部体验，研究作家作品也要调动自己的全部体验，当自己的体验与作品中所表现的体验息息相通时，我们就走进了作品所描写的境界，我们对作品的理解就不会停留在字面上，刻骨铭心之感就油然而生。

我在研究工作中重视体验，与我的好几位老师的教导有关。黄药眠先生、钟敬文先生、穆木天先生、启功先生等，都既是学者，又是作家、艺术家。众所周知，黄先生除了搞美学、文艺学研究外，他还写诗歌、散文、小说和报告文学。钟先生是著名的民间文学家、民俗家，同时写散文和诗歌，他的散文在“五四”新文学史上占有一席之地。启先生是著名的古典文学研究家、古汉语专家和文物鉴定家，同时又是著名的画家、书法艺术家，他的诗也写得很有情趣。作为学者，他们十分重视理性、抽象、概括；作为作家、艺术家，他们又十分重视感性、具象、体验。对于他们来说，这两者不但不会互相妨碍，而是相得益彰。有一次，黄先生对我说："你为什么不搞点创作？搞文艺学的人成天跟名词概念打交道，弄得不好，脑子就僵化了。应该学会观察和体验生活，搞点创作，创作成败无所谓，重要的是通过创作，你有了实际的体会，那时你就会知道哪些概念是有用的，一定要跟学生讲清楚，哪些概念是虚假的，应把它从教学和研究中清除出去。"有了这些老师的榜样，在黄先生的督促下，从1979年起，我开始写长篇小说，并于1980年出版了《生活之帆》，1987年出版了《淡紫色的霞光》。虽然作品不太成功，但反响比我的任何理论文章都大。后来又陆续发表了一些散文。果然，自搞了些创作之后，才有下了文学这个海的感觉。对前人的作品，对中外的理论，都能从创作这个新的角度去理解，对问题也就有新的发现。

我深深地体会到，治学之路是与自己的生活密切相关的。从概念到概念，从材料到材料，从书本到书本，拼拼凑凑，是不可能做出真学问来的。因此，治学就要全身心地投入，当书本知识跟生活体验打通之后，学问才能跃入一个新的境界。

对　话

我的另一点看法是，认为研究就是对话。如果你研究的对象是古典，那么你就是跟古典对话。如果你的研究对象是外国，那么你就是跟外国对话。

在长期的生活实践和知识积累中，每一个人的头脑都不是一张白纸，而是形成了一定的预成图式。这个预成图式具有活力，它必然要以积极的态度去整合新的对象，这就构成了研究主体与研究对象的对话关系。平日的积累与体验最终都要内化为预成图式而在研究中起作用，在对话中发挥影响。

我把研究看成是对话，牵涉到一个历史观的问题。旧的历史观把社会历史的发展看成是静态的，通过客观的研究是可以复原的。在这种历史观的制约下，把作者的生平、作品的历史背景看成是独立的客观的可以复原的对象是合理的，因此选择作者或作品的社会历史背景进行单维的研究就比较可行。马克思的历史观则是发展的历史观，他在《路易·波拿巴的雾月十八日》一书中说："人们自己创造自己的历史，但是他们并不是随心所欲地创造，并不是在他们自己选定的条件下创造，而是在直接碰到的、既定的、从过去承继下来的条件下创造。"但他又说："当人们好像只是在忙于改造自己和周围的事物时，恰好在这种革命危机时代，他们战战兢兢地请出亡灵来给他们以帮助。"马克思这段著名的话，表达了双重的意见，一方面，历史是既定的存在，永远不会过去，先辈的传统永远纠缠着活人，因此，任何一个新创造的新事物都要放到历史天平上加以衡量；另一方面，今人又不会恭顺历史，他们以自己长期形成的预成图式去理解、改造历史，甚至"请出亡灵来给他们以帮助"。因此，今人所理解的历史，已不是历史的原貌，而只是人们心中眼中的历史。如果把马克思的观点运用于文学研究，那么一方面要把作家作品放置到特定的历史背景中去考察，另一方面则要重视研究主体对作品的独到的解说。

当代西方的新历史主义学派有一句重要的话："文本是历史的，历史是文本的。"他们的观点继承马克思的历史观又有所发挥。所谓"文本是历史的"，是讲任何文本都是历史的产物，具有历史的品格，因此，任何文本都必须放到原有的历史中去考量，才能揭示文本的本质；所谓"历史是文本的"，是说任何历史（包括历史活动、历史人物、历史事件、历史作品等）对我们今人来说，都是不确定的文本，我们总是以今天的观念去理解历史"文本"，改造和构设历史文本，不断地构设出新的历史来，而不可能把历史文本复原。之所以会如此，关键的原因是作为认识主体的人和人所运用的语言工具。人是具体历史的产物，他的一切特征都是特定历史时刻的社会因素所刻下的印痕，人永远不可能超越历史；语言也是如此。

按结构主义的意见，语言是所指和能指的结合，语言的单一指称性就极不可靠。这样，当具有历史性的人运用指向性不甚明确的语言去阅读历史文本时，会发生什么情况呢？肯定地说，他眼前所展现的历史，决不是历史的本真状况，只能是他自己按其观念所构设的历史而已。我是主张用这一新视角去分析和探究历史文本的，那么这种分析和探究就变成一种对话，一种交流，一方面是作品作为历史的文本，发出了信息，另一方面，研究者也有自己固有的观点，也向文本投射了信息，这就形成了文本与研究者的双向对话，过去和现在的双向对话。在这种情况下，文本的原本的意义、永恒的真理已不可寻，能够办到的主要是作为主体的研究者运用语言对作品意义的重新解说和构设。这样，随着研究者的现时的观点不同，对文本的意义的构设也就不一样。由于不同时代的研究者的观念不同，对同一部文本的意义的构设不同，这部文本的意义就不断增加，成为一个意义链。我的一系列著作，如《中国古代心理诗学与美学》《中国古代诗学的心理透视》等，都是对话，今与古的对话，中与外的对话。如果能从这种对话中生发出新的意义来的话，这在我看来就是学术研究了。

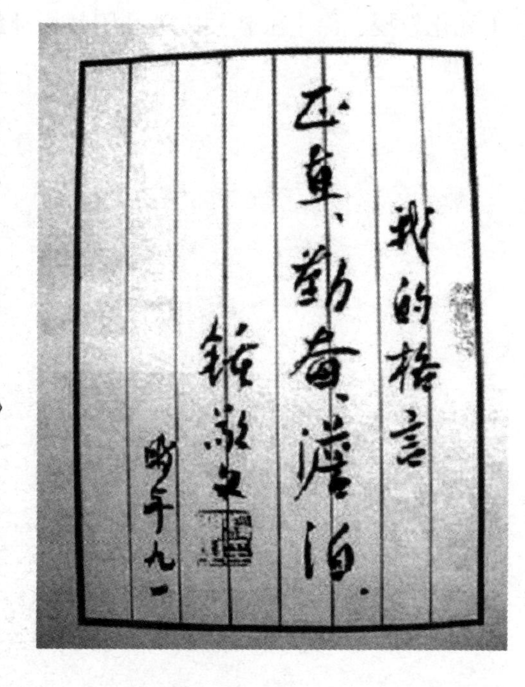

我想再说一遍的是，治学总要有前辈的激励和指导。启功老师曾给我写了“天行健，君子以自强不息”的题词，在他可能只是对后辈的一般的激励话，可我把“自强不息”这四个字不知读了多少遍，并珍藏在心里，变成了箴言。黄药眠老师总告诫我们：不能总是重复孔子怎么说，庄子怎么说，重

要的是你自己怎么说，你对这个问题有何新的意见。黄先生的治学要“出新”的思想，在我写作的时候，也常常像警铃般在耳边响起。在这里特别要提到的是91岁高龄的钟敬文先生在我陷入困境时对我的教育。大概就是几年前的一天，我去看钟老，钟老见我情绪不佳，就语重心长地对我说：为人治学要讲六个字：勤奋，正直，淡泊。勤奋，只有勤奋才能把学问积累起来；正直，就是对大是大非要清楚，不说违心之论；淡泊，就是不要去考虑名利得失。这六个字，紧密联系，缺一不可。当我走出他家的时候，我的情绪好多了。我想到，自己已是50多岁的人，应该是“知天命”了，可还是要前辈老师的教导。给过我帮助的不但有校内的老师，还有校外的老师，如王元化教授、徐中玉教授、蒋孔阳教授都给过我教诲与激励。

（《文史知识》1994年第2期）

课内与课外
——我的语文学习之路

在朦胧的记忆中，小学的“国文”学习，有两个“重大”事件至今仍有印象。

第一件，那是小学三年级的事情，那位姓罗的年轻老师一上课，上来就写满一黑板，写的是对一些单个现代汉语词语的解释。例如，“美丽：好看的样子。美不胜收：好看的东西很多，一时看不过来的样子。美妙：美好奇妙的样子。美意：好的心意的意思。美中不足：好是好但还有不足的意思。美事：好事的意思。”这些都让我们抄在本子上，然后他就一边在教室里的过道中走动，一边带领我们反复朗读。他还要求我们背诵下来。罗老师为什么要这样做呢？当时我并不明白，现在回想起来才知道他的用意。原来我们家乡话是客家话。客家是从北方迁徙到南方的，客家话中存有不少古代词语，而且就是我们的客家话的口语，如“今天”我们那里叫“今日”，“懂”“知道”我们那里叫“晓得”，“早晨”我们那里叫“天光”；倒是一些普通话中的词语，我们不知道。所以罗老师为了让我们学会普通话，用了那么大的功夫让我们背诵这些看起来很普通的词语。也许我的普通话训练就是从“什么什么是什么什么的样子”“什么什么是什么什么的意思”开始的。

第二件事件是发生在小学四年级的事情。四年级的教室在东边的院子。语文老师还是姓罗，不过这是一位年纪更大的老罗老师，他对学生的严厉是全校出名了的。他总是对学生板着一个脸，更要命的是他手里永远拿着一根竹鞭。无论是课堂上还是课堂下，若是看见学生有什么“越轨”行为，就让伸出手来，轻则在你手上打三下，重则要打六七下。他教我们四年级的“国文”课，最重要的方法是在疏通文句后，让全班同学把所有的课文都背诵下来。因此，每逢上国文课，开始的环节，就是要求每个同学拿着课本到讲台边去，背对老师面对全班同学背诵课文。如果背诵顺利通过，得到的奖励是“回去”两个字。“回去”就是回座位上去。能够把课文背诵下来，这是很得意的事情，所以当罗老师说“回去”的时候，那的确是莫大的奖励。如果背诵不下来，或者背诵丢三落四结结巴巴，那么得到的惩罚就是“出去”这两个字。“出去”是什么意思呢？同学们都懂。原来我们教室的外面有一长条鹅卵石路，路东是教室，路西是天井。老师所说的“出去”，就是走出教室门外，跪在这条鹅卵路上，手里还得捧着课本，不停地念，直到念到能背诵出来，然后才准许申请进入教室再次背诵。有时候全班有半数同学背诵不下来，那跪在鹅卵路上的队伍就形成一个长长的行列，看上去十分“壮观”。我好面子，所以课前差不多都能背诵下来。但是还是有一次因背诵中读错字音而被罚，跪在那鹅卵路上，天又下起了雨，天井的屋檐瓦口，倾泻下的雨水，溅了一身，冷风飕飕，甚为难堪和尴尬。平时看见同学“出去”心里有一种快意，现在自己也加入他们的行列，那些平日“出去”的同学就冲着我笑，那快意中似乎说“你也会有今天”。从那次“出去”以后，对那种“屈辱”体验十分深刻，从此总是把课文背个滚瓜烂熟。对同学“出去”的快意也在无意中消失了。这是解放以前的事情，又在那偏僻的山沟里，你到哪里去申诉？况且那时连申诉的要求都没有。不过话又说回来，那时背诵过的篇目至今不忘，真是受益匪浅。也许我的学习语文之路就是从背诵课文这里开始的。

现在看来，少年时期背诵一些名篇佳作，是非常必要的。少年时期是人的记忆力最佳的时期，要是在这个时期熟背一些作品，那么，那些作品就像烙印一样深深地刻在你的脑海里，不但终生不忘，而且随着年龄的增长会不断地发现那些作品的意义和意味。当然我不赞成我的那位老师那样去处罚和羞辱学生。

到了小学五六年级的语文学习，印象就很浅了。因为是两个年级合班上课，老师先教一个年级，然后再教一个年级。老师管不过来，学生也就自由多了。现在只记得自己上课时，老是东张西望。那教室的墙壁就成为一个关注的目标，那墙壁上贴有中华朝代更替表，并且还附有一个顺口溜：唐虞夏商周秦汉，三国两晋南北朝，隋唐五代宋元明，清朝亡了民国兴。下面还有注释：如三国，魏蜀吴。五代，梁唐金汉周。这些东西都在我无意的东张西望中统统背下来了。对中国历史的发展线索的印象最早是从这里留下的。我如今深感一个小学教师责任的重大。因为国家和家长把孩子交给你，就是把一个个幼小的天真烂漫的心灵交给你，把一张可以描画最美好图画的白纸交给你。你在那上面涂抹什么，那白纸一样的心灵就留下什么。哪怕是教室墙上的一点点布置，也可能给你的学生日后留下一笔宝贵的知识财富。

我初中时期的语文教师和中等师范时期的语文教师现在都还健在。初中的林老师那时刚从厦门大学中文系毕业，他给我们的印象是年轻、帅气、潇洒，永远戴着一副样式新颖的眼镜，西装革履，整洁大方，他那个样子本身就具有文学性。当然他的课讲得很好，能把课文中最细微的地方揭示分析出来，特别是小说的氛围，诗歌的言外之意，是他最擅长分析之处。但是，我最喜欢的是他经常能在闲谈时候随兴给我们介绍一些作家的作品，巴金、曹禺、老舍等。

后来，我因为家庭经济困难，远离故乡去龙岩师范学校上学，没有直接升入县城的高中。在龙岩师范，我遇到的语文老师是赖丹。在解放战争时期，他是香港的青年作家。记得有一天，他把几位语文学习得比较好的学生领进他的住所，把他在香港各种报刊发表的小说，其中有些是连载小说，一一展示给我们看。他的高大的身影立刻在我们这些学生心中更加高大起来。他讲课慢吞吞的，但总能讲出一些对我们这些孩子来说是新鲜有趣的东西。课下，他经常谈到的大文豪是歌德，最推崇的作品是《浮士德》。歌德、《浮士德》离我们是那么远又那么近。因为，在龙岩小城，根本就找不到一部歌德的作品，但我们又觉得歌德、《浮士德》是如此亲近，因为是赖老师天天说的。这样，在我的心中就留下一个悬念：歌德为什么是大文豪?《浮士德》又是写什么的?

不过，在师范读书那几年，正是我们国家全面学习苏联的时期，虽然没有亲睹歌德的风采，却开始了如醉如痴地阅读苏联英雄小说的热潮。我记得我读过的苏联小说有奥斯特洛夫斯基的《钢铁是怎样炼成的》、高尔基的《母亲》、柯斯莫节米扬斯卡娅的《卓娅和舒拉的故事》、法捷耶夫的《青年近卫军》、西蒙诺夫的《日日夜夜》、波列沃依的《真正的人》、阿扎耶夫的《远离莫斯科的地方》、肖洛霍夫的《他们为祖国而战》、巴甫连科的《幸福》……我们每日每时与保尔·柯察金在一起，与卓娅、舒拉在一起，与奥列格、丘列宁、柳巴在一起，与密列西也夫在一起……如果你生活在那个时代，你不知道奥列格或者柳巴是什么人，你不知道友谊是什么，爱情是什么，人生最宝贵的是什么，如果你不知道那些英雄们如何英勇机智地与德国法西斯战斗，如何面对敌人的枪口而英勇献身，那么你就是一个怪人，一个被认为是落伍的人。就在这大量的阅读中，我才真正感受到文学的魅力。我觉得我阅读所获得的东西，比老师在课堂教给我的多了许多。

1954年一个平平常常的秋日，我的一篇读苏联英雄小说《古丽雅的道路》的几百字的读后感，被《文汇报》刊载出来，随后又得到一笔“财富”——五元人民币。我那时兴奋的感觉真是难以用语言形容出来。现在，我虽然老了，经常得稿费，而且有时数目很大，可当时那种感觉现在找不回来了。

高考的时候，我的数学老师认为我数学基础好，建议我考数学系；但我的语文老师又给我讲起了歌德和他的《浮士德》，也许就为了解开歌德和《浮士德》这个悬念吧，我在志愿表上毫不含糊地填写上了“中文系”。

2001年10月5日

新思维·新表达·真体验
——新概念作文大奖赛的启示

上海的《萌芽》文学杂志举办以中学生为主的新概念作文大奖赛已历五届。我于1999年和2003年两次应邀参加复赛评委工作，随后又参加了多届。对于一直关心中小学语文教学改革的我来说，感受很深。大奖赛的举办理念和机制对于广大的中小学语文教师来说，也许会有一些启发。这里拉杂谈一谈，也许对正在进行的语文教学改革是有益的。

当代文学创作现在处于最低点，虽然出版的作品很多，却完全失去了80年代初的轰动效应。但是在《萌芽》杂志编辑部却是另一番景象，仅仅2002年一年，编辑部收到全国各地来的参赛稿件达到四万多件，热气腾腾，热闹非凡。《萌芽》杂志也因为举办了新概念大奖赛，把准了读者的对象，其订数由5年前的2万份猛增到26万份。杂志社还办了一所学校。出版大奖赛作文的作家出版社累计出版大奖赛的书籍100多万册。大奖赛简直成为了一种“文化产业”。在低潮中文学在这里受到如此“宠爱”，真是难以想象。它是水面荡起的双桨，是莫斯科郊外的晚上，是“坐看云起时”，是“柳暗花明又一村”。大奖赛参赛作文质量之高使参加初选的评委感到惊奇，一篇又一篇动人之作，每“撤”下一篇作品都要下“狠心”。获奖者那溢于言表的高兴，发奖会场之热烈，都令人感到不可思议。为什么这个大奖赛与学校的平日的作文会形成巨大的反差呢？

首先是大奖赛的理念。新概念大奖赛的理念是崭新的，它标举“新思维、新表达和真体验”。“新思维”——提倡创造性、发散型思维，打破旧观念旧规范，打破僵化保守，无拘无束；“新表达”——提倡不受题材体裁的限制，是用自己的充满个性的语言，反对套话，反对千人一面、众口一词；“真体验”——提倡真实、真切、真诚、真挚地关注和感受体验生活。这就是说写什么和怎样写都允许充分的自由。其实，道理很简单，只有在自由中，作者才能获得真正的审美体验，也才能写出优美的、阳刚的、阴柔的、豪放的、婉约的、粗犷的、细微的各种不同格调的作品来。记得 1999 年那一次复赛的作文题目是：1234567。参加复赛的选手，写什么的都有，怎么写的都有。有的是写 7 件事，有的写 7 个台阶，有的写人的 7 个十年，有的是写从星期一到星期日，有的是写音谱中的 1234567。真是花团锦簇，仪态万千，群芳竞艳，多姿多彩。目前中小学的命题作文的弊病之一就是“死”，题目和写法都把学生束缚死了，学生没有审美体验的自由，硬要大家按照一定的规格写，结果学生们对作文失去兴趣是一点也不奇怪的。难道我们的中小学语文老师不可以从中受到一些启发吗？中小学作文作为语文的一个重要有机组成部分，一定要在真、活、新三个字上下一点功夫。

其次，是大奖赛的机制。大奖赛不是杂志社单独搞，他们请了北京大学、清华大学、复旦大学、北京师范大学、华东师范大学、南京大学、南开大学、武汉大学、厦门大学、中山大学等十所全国重点大学联合举办。凡复赛获得一二等奖的高中应届毕业学生，可以当时就自由与上面十所大学的招生办的负责人和老师见面，只要高考考分达到各省的重点大学的录取线，就有优先录取的资格。这就让部分考生提前有了上重点大学的大体把握。这是他 / 她们所神往的。目前，前几届获奖学生在北大、北师大等学校学习，表现突出，有的已经出版了书籍，一颗颗新星冉冉升起。

大奖赛所请的评委都是国内著名的作家和教授，眼界高，水平高，对作文的评点，好处说好，坏处说坏，精彩的批语一言中的，一针见血，入木三分，力透纸背。这些批语可能影响孩子的一生，对其他的读者也有启发。

另外，大奖赛评委完全以作文论成绩，决不“走任何后门”，不论什么人，不论是谁家的孩子，在评委这里一律平等。好就是好，不好就是不好。精彩就是精彩，差劲就是差劲，谁也不能够给谁提高 0.1 分。这种机制使真正优秀的人才能够脱颖而出。可以预期的是，一批文学新人从这里起步，走向大学，走向文坛，走向他 / 她们梦想的地方。

当然，《萌芽》杂志社作文大奖赛的机制并不是一般学校所能模仿的，但是难道我们不可以从这里受到启发，从自己学校的实际情况出发，采取一些有力的措施，创造出某种氛围，让该子们对作文有兴趣，有追求，愿意练，愿意写吗？

（《中国教师》2003 年第 1 期）

从听和看说起

上小学的时候，每当上作文课，我总是很兴奋。因为在所有的小学课程中，唯有“作文”是自己动笔写自己的所见所闻所感，是一件带有“创造性”的功课。记得有一次写了一篇以“我的祖母”为题的作文，老师认为写出了“特点”和“真情实感”，就在班上作为优秀作文朗读了，那是我在小学所受到的最高的嘉奖之一，至今不忘。从此我明白了，写作文一定要写出“特点”和“真情实感”来。可怎样才能写出特点和真情实感呢？这个道理是在大学毕业以后才真正弄明白的。

你看见过蜜蜂采蜜吗？我想你一定看见过。但要把蜜蜂采蜜这件事情描写出来是容易的吗？你试试看，你一动笔立刻会知道不容易。唐代末期有位著名诗人，他的名字叫罗隐，他写过一首《咏蜂诗》，诗只有四句：

不论平地与山尖，无限风光尽被占。

采得百花成蜜后，不知辛苦为谁甜？

这首诗写得很好。好在什么地方？好在诗人善于观察，写出了真情实感。观察就是从看与听开始。你看，诗人首先观察到采蜜的蜜蜂，在百花盛开的季节，到处飞来飞去，无论在平地还是在山峰，只要有花香的地方，就有蜜蜂的身影，真是无限的风光都被它们占了。诗人又观察到，蜜蜂辛辛苦苦采蜜酿蜜，当又甜又香的蜂蜜真的酿成之后，它们自己并不享用，蜜完全被养蜂人收走了。这真是为谁辛苦为谁忙呢？仔细观察蜜蜂生活和劳动的人都知道，蜂群中负责采蜜的工蜂，生命非常短，工蜂的生命最长的只有七八个月，短的只能活一两个月，有的在采蜜的过程中，飞着飞着突然栽下就死了。难怪罗隐发出了“不知辛苦为谁甜”的感叹。如果我们有欣赏眼光的话，我们就会说，罗隐的《咏蜂诗》是写得很好的。好在哪里？好在罗隐写出了“蜜蜂采蜜”的主要特征和特别意义。罗隐并没有啰啰唆唆地去写蜜蜂如何爬出蜂巢，没有去写蜜蜂如何成群结队的飞行，没有去写蜜蜂采蜜时的姿势，没有去写蜜蜂所有忙碌的各种情景，因为这些都不是蜜蜂采蜜的主要特征和特别意义。“蜜蜂采蜜”这件事情的主要特征和特别意义是什么呢？它们到处采蜜，可采蜜酿蜜之后，它们自己并不享用，而把它们辛勤劳动的成果贡献给了人类，为人类的甜蜜生活辛苦忙碌一生。蜜蜂采蜜的特别意义在于蜜蜂特别的“牺牲精神”和“奉献精神”。诗人通过自己的观察，抓住了这个蜜蜂主要特征和特别意义来写，所以罗隐的这首诗被历代的热爱诗歌的人们所传诵。

俄国19世纪有位伟大的美学家，叫车尔尼雪夫斯基，他在他的一篇美学论文中说：“任何模拟，要求其真实，就必须传达出原物的主要特征，一幅画像要是没有传达出面部的主要的最富于表现力的特征，就是不真实；但是如果面部的一切细微末节都被描写得清清楚楚，画像上的面容就显得丑陋、无意义、死板，——它怎么会不令人厌恶呢？”这位伟大学者的话的意思是，画家假如画人的面容，不要去画面容上的“细微末节”，只要画出面容的主要特征，那么就会使你描画的对象，凸显出来，生动起来。就像我们平常在刊物或报纸上看到的描写人物的速写一样，画家并没有去画这个人物细部的许多特征，只是大略地勾画几笔，也就显得活灵活现了。我想，车尔尼雪夫斯基的话，正好说明了罗隐的《咏蜂诗》的诗意来自何处。

其实，我们每天都要遇到许多事物，但我们往往匆匆投去一瞥，未及细细地看和听，更来不及细细地想，就从它们的身边走过去了。假如我们留心看、注意听，把握住它们的主要特征和特别意义，那么，我们在写作文的时候就不费劲儿了，不是吗？如果你的家在山区，也许那里有许多松林，在大风吹过的时候，那松林发出了阵阵的松涛声，你是否留意过，你能把那松涛发出的声音描写出来，讲给城里的同学听吗？如果你的家在大城市里，大城市里有许多高楼，二十层的，三十层的，你每天就在它们的身边经过，你是否留意过它们，把它们的主要特征描写出来，讲给农村来的同学听呢？如果我们平日真的留意看、注意听、深入想，我想你写作文的时候就不会感到困难了，不是吗？

2003 年

治学小言
——优良学风存在于过程中

我自己治学也指导研究生治学，治学成为日常的一种活动。治学的艰难只有过来人才能体会，治学的路径也只有过来人才能摸到。既然治学，那么就要讲究学风。我近日看中国社会科学信息网上公布的《中国社会科学院关于学风建设的决定》，其中说："学风建设是一项系统工程，需要学界内外、院所各级部门和领导积极参与，密切配合，综合治理。"既然说学风的建设是一项"系统工程"，可见学风问题就不是简单的问题。首先，要明确什么样的学风是优良的学风，什么样的学风是浮躁的学风；其次，要明确学风应如何去建设如何去实践。什么样的学风是优良学风呢？《中国社会科学院关于学风建设的决定》中说"严谨而不保守，活跃而不轻浮，锐意创新而不哗众取宠，追求真理而不追逐名利"，这就是优良学风。这些都说得很对很好，问题在于如何来实践。

我自己的学问做得不好，但从中也有一些体会，现在说出来与大家共勉。

进

有一次，我指导的一位博士生交来了论文的初稿，他研究一位古代的诗论家，书读了不少，资料搜集了不少，但是整篇论文都是那位诗论家的"语录"汇编，他只是按照大致的框架，把相关的资料塞进去，在资料与资料之间用自己的一两句话“连接”一下。这篇论文的引文比他自己的论证多出了很多。我根本不知道他是否读懂诗论家的话，也根本看不出他对自己的研究对象有何见解。他的论文没有问题意识，没有观点探讨，没有视角选取，当然也没有论证的展开，没有研究结论，但你不能说他没有读书，那位诗论家的全集他都读过了，30 多卷呢，他一字一句读过来了，你不能说他不努力，你不能说他没有下功夫……问题在哪里呢？问题就在于他缺乏研究的“过程”。在很大程度上我们可以说，优良的学风存在于过程中。研究，不论任何研究，都要有一个过程，一个复杂的过程。

我把这个过程归纳为“进”—“出”—“进”三个阶段。第一个“进”，是通过读书，调查，搜集资料，梳理资料，进入研究对象的过程。研究对象一般是复杂的，我们要研究它，就先要了解它，对它的方方面面进行认真深入的而非潦草肤浅的调查研究，或者是读书，整理资料，或者是通过田野作业搜集到第一手的资料。有的资料还要反复阅读、分析、研究，务使研究对象烂熟于心，别人问起来，你才可以如数家珍。我的几位老师，如刘盼遂先生、李长之先生、陆宗达先生、黄药眠先生，他们对于自己的研究对象都是烂熟于心的。黄药眠先生给我们讲课，只带几张卡片，根本没有讲稿，资料和对资料的分析完全是背出来的，连某些文学作品也是背诵出来的。陆宗达先生给我们讲《说文解字》，讲得十分生动，也完全是背诵出来的。刘盼遂先生给我们讲《史记》也根本不念讲稿，他在讲《廉颇蔺相如列传》的时候，仅一个“蔺”字就考证了 45 分钟，而且是即兴发挥，如果不是对于对象十分熟悉是做不到的。郭预衡先生给我们讲中国古代散文，常常成段成段地背诵《国语》《战国策》，更不必说“语”“孟”了。进入研究对象，熟悉对象，才能掌握对象的全部情况，才能掌握对象的种种复杂的矛盾，才能进入对象的一些细枝末节，这样才会产生疑问并提出问题，获得研究的切入点。

这第一次“进”，对于研究者而言，一定要采取客观的态度，万万不可根据自己的先入之见各取所需，导致研究失去客观性。所以我常对我的学生说："在搜集材料的过程中，要采取'无我'的态度，如果是观念先行，合我观念者取，不合我观念者舍，那么你掌握的对象是片面的，最后的研究结论也必然是片面的。"这个"进"完成于对资料的梳理，从资料的梳理中，应该看到哪些问题前人已经说得很充分了，哪些问题前人说法有误，哪些说法前人说得不深，这样你就可以提出你的问题，寻找到留给你的学术空间。

出

第一次"进"之后，就不要沉醉于原始资料中，而要超越已经掌握的资料，走"出"来审视。苏轼咏庐山的诗："横看成岭侧成峰，远近高低各不同。不识庐山真面目，只缘身在此山中。"这首诗不但富于哲理，而且对如何形成优良学风也具有启示意义。第一次走"进"研究对象，置身于对象中，并不能看清对象的面貌，就和在庐山中看庐山而看不清庐山的真面目是一样的。必须超越资料，拉开一定的距离来审视，研究对象的面目方能呈现出来。"出"的问题有两点是必须注意的：第一是语境化问题，任何对象都处在一定的社会历史语境中，如果不顾历史文化语境抽象地进行逻辑推理，那么往往不得要领或发生理解的错误。孟子提出的并为鲁迅所推崇的"知人论世"方法，仍然是研究所必须遵循的基本方法。随便举一个例子来说。苏轼在《仇池笔记》卷上写道：

> 予尝梦杜子美云："世人误会《八阵图》诗，'江流石不转，遗恨失吞吴'，以为先主、武侯欲与关羽复仇，故恨不灭吴，非也。我意本为吴、蜀唇齿之国，不当相图，晋能取蜀者，以蜀有吞吴之意，此为恨耳。"

这段话的意思是，我（苏轼）曾梦见杜甫，杜甫说世人误会他的《八阵图》诗，以为诗的意思是，刘备、诸葛亮急于给关羽报仇，所以怨恨、后悔没有消灭吴国，不是这样啊，他的原意是吴国和蜀国是唇齿相依的国家，不该有相互吞并的意图，晋国所以能消灭蜀国，就因为蜀国有吞灭吴国之意，不能形成对抗力量，这才是“遗恨”之处。苏轼是不是真的梦见杜甫，这我们可以不论，他只是要假借梦见杜甫，对杜甫的《八阵图》一诗提出自己的解读。《八阵图》一诗共四句：“功盖三分国，名成八阵图。江流石不转，遗恨失吞吴。”整首诗写诸葛亮的成功与遗恨。但历来对诸葛亮“遗恨”什么有不同的理解：一种理解是‘未得吞吴为恨”，要是把吴吞了，那么关羽就不会在孙权袭击荆州时被杀。在这种理解中，把“失”理解为“丧失”；另一种理解是“以失策于吞吴为恨”，把“失”理解为“过失”，即刘备急于为关羽报仇，出兵攻吴，破坏了蜀、吴联盟，而诸葛亮没有能阻止住刘备，结果削弱了蜀国的力量，为晋灭吴埋下了祸根，诸葛亮以此为恨。这两种理解都有其根据，都可以解释得通。前一种理解突出了蜀国将相之间的“义气”，一人被害，大家齐心报仇；后一种理解突出诸葛亮的战略眼光，他认为在那种情势下必须联合吴国力量对抗北方强敌，为自己不能阻止刘备冲动下作出的决定而深以为恨。尽管两种解释都有道理，但如果我们把这诗放回到三国纷争中诸葛亮一贯的战略策划的历史语境中去考察，那么我们就会发现苏轼的解读是更符合杜诗原意的，因而也更可取。这只是解读作品的例子，其实在社会科学研究中，解读任何资料都要注意语境化问题。语境化看似只是放回到原有的历史文化中去理解，却是一种“出”，不是就事论事，是拉开距离的一种理解，是力图在整体联系中去理解部分的意义。当前学术界存在的一大问题，就是“论点”的汇编和观点的推衍，缺乏历史社会的背景和环境的把握，导致论点、观点的泛化，成为无根的学问。

还有就是研究问题的视点问题，这就是你站在哪个角度来看的问题。观察的角度不同，所看到的也就不同，所谓“横看成岭侧成峰，远近高低各不同”，所谓“会当凌绝顶，一览众山小”，这是观察的角度不同所致。譬如一个房子有五个窗户，推开不同的窗户，所看到的景色是不同的，我们经常说某某的论文视野开阔，就是因为它同时横看、侧看，同时推开了五个窗户，因此所看到的东西比别人多，所获得的比别人多。所谓“视界融合”所讲的也是这个道理。

如果我们在获得了丰富翔实的资料的基础上，能够“出”，能够拉开距离，既能在社会历史文化语境中考察资料，又能站在一定的角度形成观察对象的视野，那么这时候我们一定能提出某种理论和学术假设，这一个过程是“有我”的过程，即我们将提出自己的研究要着力阐发的观念。研究的本质是创新，因此在这一过程中能不能提出你自己的思想与观念是十分重要的，甚至可以说它考验着你的全部才能与功力。现在的许多论文，资料一大堆却缺乏思想，结果形成了缺少思想的学问。我们做学问最终的目标不是收获资料，而是收获真理。

进

提出了理论和学术假设不等于研究的完成。这时候研究者要再一次“进”到研究对象中去，这次“进”去，不再是一般地搜集什么材料，而是要对材料加以处理，去粗取精、去伪存真，用那些精而真的资料，全力去求证你提出来的假设。这次“进”去，就是把你发现的命题或观点加以“论证”。所谓“论证”，说白了也就是“摆事实，讲道理”。“摆事实”，就是用铁一样的资料来证明你提出的论点，这个过程从逻辑上叫做归纳论证，就是用个别的事实去支持一般性的命题或观点。我们常说“事实胜于雄辩”，就是讲“摆事实”的重要性。但“摆事实”一定要对事实本身进行选择，有的事实是典型的，能够有力地论证某个论点，但有的事实不够典型，用这样的事实来支持你的论点可能就缺少说服力。例如说“叶子都是绿的”这个命题，你可以找出许多事实来支持它，但人们也可以找到红色的叶子来推翻你的命题。因此在“摆事实”之后还要“讲道理”，“讲道理”从逻辑上说叫做演绎论证。演绎论证一般使用大家都公认的道理来推衍出个别的或特殊的结论。但是这种演绎论证往往要引经据典甚至旁征博引，就有可能把自己的创新的观念淹没在这种引证中，因此也不可滥用。把“摆事实”和“讲道理”结合起来也许是比较理想的。这第二次“进”入对象是一个“证我”的过程，即“我”提出的理论假设通过这种论证得以证实。这一过程也是非常艰难的。

学风存在于“进”—“出”—“进”的过程中。一个人做研究，如果能认真地走完这个过程，那么总会有研究结果，那学风也就自然会得到自己和别人的肯定。如果一个人做研究，根本就没有进入这个过程，只是东抄抄西凑凑，只是围绕着对象转了一转，那么其研究结果就很可疑，那学风的浮躁就可以肯定了。

做研究是一种艰难和寂寞的事情，不是什么人都能经得住这种艰难和寂寞的。王国维谈古今之成大事业、大学问者必经过三种之境界：一境为“昨夜西风凋碧树，独上高楼，望尽天涯路”，这是一个追求过程开始了；二境为“衣带渐宽终不悔，为伊消得人憔悴”，这是追求中的最为艰难的时刻，是往前走还是往后退，就看你能不能经得起这种憔悴了；三境为“众里寻他千百度，蓦然回首，那人却在灯火阑珊处”，这是说经过苦苦的追求，终于豁然开朗，真理就在面前。这三境界也是讲过程，过程比结果重要，因为甘美的果实存在于完满的过程之后，没有完满的过程也会有结果，不过可以肯定的是，那果实是酸苦的。

（《龙岩学院学报》2008 年第 2 期）

读书与行路

古人云：读万卷书，行万里路。过去的理解是，一个人做事或做学问，一方面要读书，另一方面也要实践。但这种理解够不够呢？是不够的。让我把自己读书的一些体会写出来，也许对开始做事或治学的年轻的朋友会有些启发。

我 23 岁的时候，大学毕业，留校任教。开始了我的文学理论和美学的教学、研究的艰难跋涉。当时我想，一定要读马克思著作，弄懂马克思主义的精髓，这样才能使自己的教学和研究获得一个坚实的立足点。那是 1958 年，马克思的《1844 年经济学—哲学手稿》还没有翻译过来，但马克思的一些基本著作，如《〈政治经济学批判〉导言》《〈政治经济学批判〉序言》等名篇则已经翻译过来了。我下了一个决心，一定要读懂、读透，务求深入地理解。为了读懂马克思，又觉得黑格尔等人的著作也非读不可，恰逢朱光潜先生翻译的黑格尔的《美学》（第一卷）于 1958 年由人民文学出版社出版，我赶快到书店买了一本，如获至宝。因为我那时知道，马克思主义是有来源的，其中一个来源是德国古典哲学。

现在回忆起当时读黑格尔的《美学》第一卷的情形，那悲惨的样子简直不堪回首。我能认识书中的每一个字和句子，可一行行读下来，竟然是一无所得。我捧着黑格尔的书，可不知他这位老先生在说什么。我翻开马克思的那些著作，情况虽然好一些，但很多地方还是读不懂。我开始觉得自己读的遍数不够，所以才读不懂。于是我一遍一遍地读，结果还是收获有限。

接着出现了 20 多年的读书的荒芜时期。参加“四清”，参加“文革”，国外“教书”，下放“劳动”，其中更有那应付养育儿女、衣食住行、柴米油盐的日常艰难生活，特别是看到人间的世态炎凉所展开的所感所思所行。痛苦、曲折、困惑、喜悦、解放等情感跌宕起伏。到1980年前后，终于“归队”，还是要搞文学理论和美学。那时正掀起空前的“美学”热，又一次谈论美的本质之类的问题。马克思的《1844年经济学—哲学手稿》已经翻译出版，黑格尔的《美学》三卷本也全部译出出版，马克思和黑格尔的这两部书仍然是必读的书。

在“久违”了20多个春秋之后，我又一次翻开黑格尔的《美学》，翻开那些画了红道道却始终不甚了然的书本，一行一行看去，竟然看懂了意思，竟然看懂后有自己的体会。过去不怎么懂的句子，也开始读懂了。我那时高兴得手舞足蹈。马克思早期著作中的“随着实物世界的涨价，人的世界也正比例地落价”“劳动者耗费在劳动中的力量越多，他亲手创造的、与自身相对立的、异己的对象世界的力量便越强大，他本身、他内部世界便越贫乏，归他所有的东西便越少”“实际创造一个对象世界，改造无机的自然界，这是人作为有意识的存在物的自我确证”“我的对象只能是我的本质力量之一的确证”等等（恕我不再抄下去）句子，连同整本书的意义，都似乎理解了，而且感悟到它的深刻性和启发性。不懂的书页变成可理解的真知灼见。

后来，我思考这样一个问题：对马克思和黑格尔的书由“读不懂”到“读得懂”的转化是如何实现的？我终于明白，对于读书重要的是你的生活实践和实践中的体验是否足够丰厚。读书是一个对话的过程。书作者是一个主体，读书人是一个主体，读书就是读书人主动与书作者的一次对话。当读书人还没有足够的知识、生活、实践和体验准备的时候，那么读书人就不能成为够资格的主体，对话活动就不能实现。当我在经过了20多年的生活经历之后，有了足够的生活体验，这才成为一个主体，能够与马克思、黑格尔进行“对话”，他们的书被我的生活实践和实践中的体验“浅显化”，从而读懂了以前读不懂的东西。

但是，我这里说的是生活实践中的体验，而不仅仅是单纯生活经验。经验只是经历，是一个人的生物性、社会性的标示。它仅有直接性的感性品格，而缺乏超越性的理性品格。只有实践中的体验才是“以身体之”（直接性、感性），同时又“以心验之”（超越性、理性）。就是说，经验就是经历，是可以忘却的，实践中的体验则不同。用加达默尔的话说，“如果某个东西不仅被经历过，而且它的经历存在还获得一种使自身具有继续存在意义的特征，那么这种东西就属于体验”①。例如，你在下放的时候为填饱肚子吃窝头，只是一种单纯的经验，你可能把它忘记了。但是，假如有一次吃窝头成为你下放中的一个“事件”，引起你的情感的波澜，甚至因此而改变了你的性格和命运。那么这一次的“窝头事件”，就具有了意义，而不能不深深地留在你的记忆里，并引起你对人与人之间关系的思考，对人的命运的思考，那么这经验就转变为具有超越性的、具有意义的体验。人的这类体验越多，那么人的超越性的思考就越多，人也就越成熟。所谓“世事洞明皆学问，人情练达即文章”，此之谓也。如果把一个人的实践中的体验比喻为江河里的水，那么水越多越深，江河的浮力就越大，所能载的舟也就越大。读书也是这样，实践越多，实践中所获得的体验之水越多越深，其读书之舟就可以航行得越来越远。

我终于明白了古人说的“读万卷书，行万里路”的两层意思，一层是说做事或做学问，既要读书，也要实践；第二层是说读书与实践两者有互动互构的关系。实践越多，体验也越多，那么读书也才能读懂读透；反之，读书越多越深，实践也就越自觉，收益也就越大。“读书”与“行路”两者互动互构。

（《人民日报》2009 年 9 月 4 日，发表时略有删节）

---

①［德］加达默尔，洪汉鼎译:《真理与方法——哲学诠释学的基本特征》上卷，上海译文出版社 1999 年版，第 78 页。

大学生应构建的“三个世界”
——在北京师范大学文学院迎新会上的讲话

各位老师，各位新同学，大家好！

首先让我代表文学院的老师热烈地欢迎新同学进入北京师范大学文学院学习。文学院的大家庭又增加新生力量，注入了新鲜血液。随着你们的成长，文学院将迎来更美好的明天。

在欢迎你们新生来文学院学习的时候，我作为一位老教师，想给同学们讲几句话。

大家知道，一个人的大学学习阶段，硕士研究生学习阶段，正处于一个人的青春早期，即从 18 岁到 25 岁左右，这是一个人精力最为旺盛的时期，又是一个人最可塑造的时期，是一个人的人生观、世界观形成的时期，也是获得独立研究和工作能力的时期。如果在这个时期，能以艰苦奋斗的、积极向上的精神过好每一天，那么你们就能为自己的漫长的人生打下坚实的基础。

那么，如何来打下自己的人生的基础呢？对于你们来说，你们面临着要建构三个世界，这就是“心灵世界”“知识世界”和“能力世界”。

“心灵世界”的建构，关系到人的健康的人生观和世界观的形成。我们要有怎样一个心灵世界呢？不同时代，对这个问题的回答是不同的。在中国古代讲人的心灵的建构，主要是讲人性。人有人性，兽有兽性。人性讲什么？就是讲人伦，讲人与人之间如何相处。中国古人把人与人的关系分为五种，就是父母、君臣、夫妇、兄弟、朋友称为五伦，这五伦称为“五达道”。

人一生下来，就有父母，对父母要“父子有亲”，这是第一条大道；过去很少独生子女，一般人都有兄弟姐妹，这就要“长幼有序”（或“兄友弟恭”）这是第二伦，第二条大道；长大成人，结了婚，“夫妇有别”，这是第三伦，第三条大道；然后你到社会上做事，就有上下级，就是“君臣”，这是第四伦，“君臣有义”是对这一伦的规定，这是第四条大道；在社会上做事不能不与同事、朋友相处，这就要“朋友有信”，这就是第五伦，第五条大道。这五条大道的基本精神是爱、仁、亲。爱——仁——亲是递进关系。爱是一般的，对于人，都要有爱之心；仁是大爱，因为“仁义”相通，不仅是一般的爱，更进了一步；再进一步就是“亲”，对父母要亲，对兄弟姐妹要亲，这“亲”是亲密无间，要知道报本思想。这是最大的爱。所以古时候父母去世，要居丧三年，没有比“亲”更大的爱了。

“五四”文化运动后，特别是新中国成立后，我们讲阶级斗争，但同时也讲“人文”精神，也就是要讲人道主义，讲互相帮助，讲团结友爱。我们要讲什么友爱呢？爱家庭，爱朋友，爱集体（现在叫做团队），爱国家，爱主义，我这里列的也是“五爱”，是新的“五达道”。对父母、兄弟姐妹要讲“亲”；对朋友、同学和同事要讲“信”；对自己所属的团队集体要讲“爱”，对国家要讲“热爱”，这就是爱国主义；对于共产主义，则要讲“信仰”。共产主义是什么样的信仰？马克思在《1844年经济学—哲学手稿》中说，共产主义就是人的理想，它是“人性的复归”，是“自然主义 = 人道主义，人道主义 = 自然主义”，是“人与自然界之间、人和人之间矛盾的真正解决”。我的体会就是，不要把共产主义理解得太狭隘，实际上就是讲人道中有天道，天道中有人道，人尽其才，物尽其用，这样多么好，我们为什么不把它作为自己的信仰？这些是心灵世界中最基本的。此外还有很多，如讲真、善、美，讲勤劳、勇敢、诚信，讲敬畏、淡定、坚韧，等等。建构自己的“心灵世界”是大学学习中特别重要的。要从一点一滴做起，从随时随地做起，从此时此刻做起。

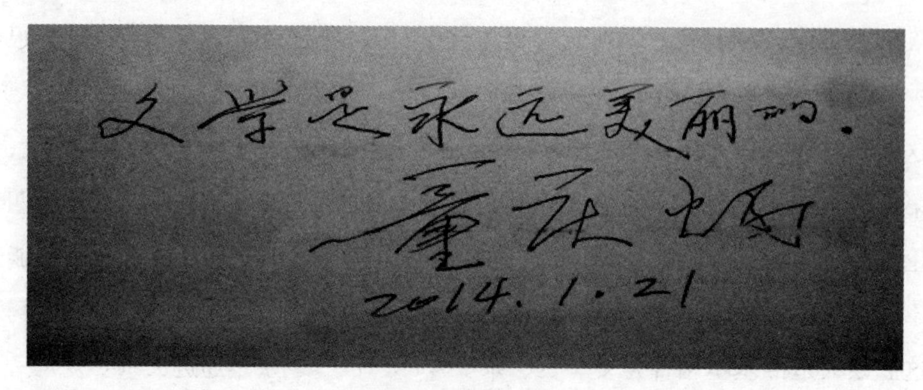

童庆炳先生手迹

“知识世界”的建构。大学阶段的学习，硕士阶段的学习，总的看还是处于积累知识的阶段，学习知识很重要。“知识就是力量”这句话还是对的。读书，首先是读什么书的问题。我现在的体会是，我们虽然是读文学专业的，文学书当然要读，要爱文学，挚爱文学，享受文学，在这基础上研究文学。但仅仅读文学书是远远不够的，一定要读历史书，读哲学书，文史哲不分家。为什么读文学的要读历史读哲学呢？因为文学不是从天上掉下来的，任何文学问题都产生于一定的历史时期，是那个历史时期的产物，历史会告诉你某个文学问题存在的原因。这样，我们若想把文学问题研究清楚，就必须把问题放回到原有的历史语境中去把握去理解去分析，这样才能把问题研究透彻。就是基于这样的理解，我一直在讲文学研究中的“历史优先”原则，“论从史出”原则。还要读哲学，哲学是人类对于事物发展规律的总体的把握，是原理性的，方法性的，我们研究文学问题的人，如果连个别与一般、特殊与普遍、偶然与必然、现象与本质这些问题都没有一个基本的了解，那么文学的系统研究也是不可能的。文史哲的书你都读了，那么你的知识结构就合理了，你的学问就打下坚实的基础了。我想告诉你们，文史哲的书各有优长又各有缺点。哲学书的优长是站得高、看得远、概括性强，但毛病是比较“空”。历史书的优长是比较实在，一朝一代，来龙去脉，清清楚楚，但其毛病可能是比较“狭”。文学书的优长是有审美的趣味，有艺术魅力，吸引人，但可能比较“浅”（这都是我个人的一孔之见，可能是错的）。要是文史哲都读，那么各种优长都会吸收，而“空”“狭”“浅”的弊病就自然会消失。知识结构的合理性就在于去“空”去“狭”去“浅”之中。

读书还有一个如何读的问题，过去无非讲博与专，先博后专，或先专后博，这个道理大家知道，我就不讲了。我现在最深的体会是，读书一定要有自己的看家书、枕边书。就是说有几本你认为经典的书、你特别感兴趣的书，这就一定要细细咀嚼，品味，读到倒背如流、如数家珍的地步，把这几本书变成你的血肉，这样你才有你的专长，从这里就会生长出你的见识来。所以我主张读原著和经典，主张精读原著和经典。为什么要读经典呢？经典是大学者一生反复深思的结果，他的学识的结晶，是经过时间和实践检验的真理，是无往而不胜的不刊之鸿论。也许你毕生追求的真理就蕴含在其中。那种转述的文章不要看太多，什么“概论”“通史”不要读得太多。你们应该知道，真理，无论是哪个学科的真理，在其最深处是相同的。就像你到一个树林里，你看到一棵一棵独立的树，它们的枝叶是分开的，但如果你掘开地下去看，发现它们的根系是连在一起的。你精通了一本书，精通了某个方向的知识，那么别的方向的知识也就有大体上的了解，你也就可能讲出很好的意见来。

知识是重要的，但与知识相联系又相区别的能力就更重要，所以还必须建构“能力世界”。知识是别人的东西，你吸收了别人的东西，形成了你的知识的世界。一个人如果只有“知识世界”，只能说他了解了前人的研究成果而已，但他能不能开辟属于自己研究和办事的格局呢？或者说，他能不能形成自己独立的研究能力和办事能力呢？这就不一定。对于我们学文学的人来说，我们的能力应该是什么呢？第一阅读能力，阅读古文的能力，阅读外语的能力，古文、外语给我们打开新的世界，这种阅读能力很重要。第二是判断的能力，你读一篇作品你应该知道这篇作品是不是好作品。第三是选择的能力。去粗取精，去伪存真，把精而真的东西选择出来。第四是分析的能力。分析作品，分析问题，能做到细致入微，层层深入，入木三分，合情合理。第五是综合、概括的能力。事物往往纷繁复杂，头绪众多，可你能联系综合，概括无遗。第六是发现的能力。任何学问中都有未被发现的部分，这是等待人们去发现它，从而获得创新的成果。天上的星星已经很多，但仍然有很大的空间，那是属于你们的空间，等待你作为一个冉冉上升的星星去占有。第七是写作能力。用自己的话，用自己的思想，写出新、精、深、美的文章和著作来。

最后借用王国维《人间词话》中的几句话："古今成大事业、大学问者，罔不经过三种之境界：'昨夜西风凋碧树。独上高楼，望尽天涯路。'此第一境界也。'衣带渐宽终不悔，为伊消得人憔悴'，此第二境界也。'众里寻他千百度，蓦然回首，那人正在灯火阑珊处。'此第三境界也。"我希望大家经过不懈的努力，最终都达到第三境界，成为一个大事业家，大学问家，为北京师范大学文学院争光！

谢谢大家！

（2011 年 9 月 7 日）

四　学为人师，行为世范

启功先生
——治学为师的楷模

北京师范大学的校门有东门和南门。如今开的是南校门，一迈进南门，抬头就是一座八层的高楼，给人一种压抑之感。90 年代以前开的是东校门，迈进东校门，是一条长长的笔直的大道，一直可以望到远处的阔大的标语牌。这标语牌上的标语是随着时代而变化的。“文革”那些年那上面的标语是“教育为无产阶级政治服务”。80 年代那上面写的是什么，我记不太清楚了。星移斗转，现在那上面的标语变成了“学为人师，行为世范”八个大字。初读这八个字，以为是哪位老先生从哪本古书里翻出来的呢，其实不是。这八个字乃是我的老师启功先生为学校所拟定的校训。当然那风清骨峻的字也是出自他的手笔。这标语牌经历几十个春秋终于落实到办校的主题上来了。这

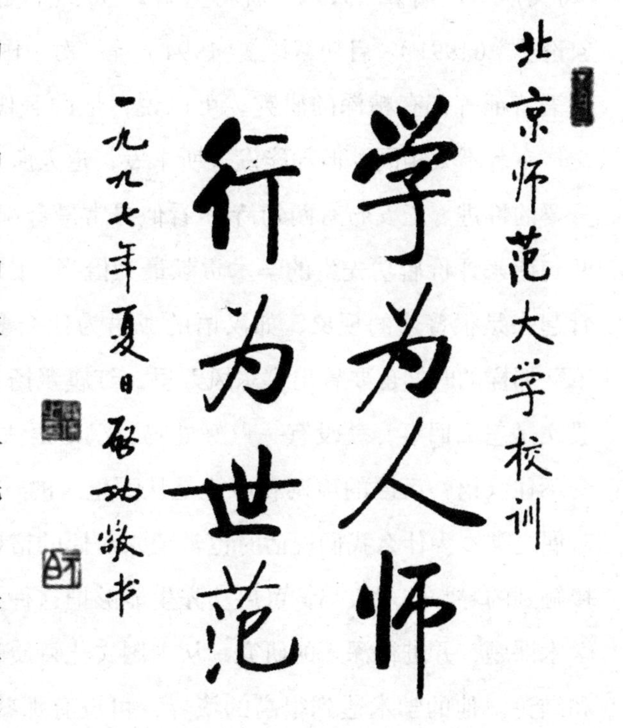

可以说是启先生给学校增添的一道靓丽的风景线！

“学为人师，行为世范”，按我的粗浅的体会就是在学习和学问上要为人师表，在行为和操守上则要为世楷模。启先生拟定这八字校训，向全校师生提出了追求的理想境界。如今启功先生已是望九之年，他自己的一生就是如此身体力行的。

“境愈高时言愈浅”

一般的读者差不多都知道启功先生是位海内外著名的书法家，但知道他是功力很深的学问家的人可能并不太多。实际上，启功先生是文学史家、文物鉴定家、考据学家、语言文字学家。他的著作如《古代字体论稿》(1965)《诗文声律论稿》(1977)《启功丛稿》(1989)《论书绝句》(1990)《汉语现象论丛》(1991)《启功絮语》(1994)等，对中国古代书画艺术、诗文声律、汉语特征等都有精深的研究。可以说，他的著作看起来与流行的呆板的论文、专著不太相同，但却能发人所未发，道人所未道，在他研究的领域都有重要的推进。王安石有两句诗：“看似寻常最奇崛，成如容易却艰辛。”用这两句诗来评价启功先生的学术贡献最为恰当。因为，他的著作中所提问题，看起来是很普通的现象，如汉语的成语为什么多是四字句？为什么在“文革”那样的时期也要冒出“东风万里，红旗飘扬”这种唐人律赋的破题？八股文是怎么回事，就没有一点好处吗？汉语语法是什么，为什么“葛朗码”套不住汉语？汉语的声调和声律是从哪里来的？中国古人为什么喜欢骈体、对偶之类？为什么我们说话时也常陷入对偶的格局中？等等。这不是人人都接触到的寻常的现象吗？可启功先生能够把这种寻常的现象，转换为真正的学术课题，并进行深入的研究，从中国文化特质的视野作出令人信服的回答和结论。他的学术达到很高的境界，可没有那些看起来令人生畏的名词术语，没有故弄玄虚的把戏，没有呆滞的板着脸孔的说教，有的是深入浅出的解释，是清楚明白的阐述，这就叫做“境愈高时言愈浅”（启功先生题咏白居易的一句诗）。

与众不同的另一点是，启功先生追求艺术的人生，他的生活就是艺术化的，他的学术研究也常常是艺术化的，他论诗论词论书法艺术，更多的时候是用诗来论的。《论书绝句》《论词绝句二十首》《论诗绝句二十五首》等就属于这类著作。它们是文学创作，但也是学术研究。创作中有研究，研究中有创作。他的论书论词论诗的作品中，字字句句都含有他的长期思索过的见解。如他的论诗绝句第一首：“唐以前诗次第长，三唐气象脱扣嚷。宋人句句出深思，元明以下全凭仿。”四句诗概括了中国古代两千多年诗歌发展的大体特征。如果不是对中国古代诗歌的全局了然心中，并有过深沉的思考，是不可能作出这种鲜明而又允当的结论的。启功先生的学问在学界早有定评。我自己的视野有限，不能妄评启功先生的全部学问。我想郑重推荐不久前文物出版社出版的《汉语现象问题讨论文集》，这是学界人士评他的《汉语现象论丛》一书的文章，其中不难看出启先生在汉语研究方面所作出的独特贡献。但是我这里想强调的是，他常寓学问于艺术、化深奥为浅易的学术风格是一贯的。

那是44年前的事情，我那时是一年级学生。给我们上“文学作品选读课”的老师中就有启先生。记得启先生讲古代文选，一字一句串讲外，总能出人意料地联系各种知识提出发人深省的问题，在自问自答中，深入浅出地给予解答，使所讲的内容不但“血肉丰腴”，而且妙趣横生。我们既获得了知识，又得到审美的享受。我那时候喜欢《红楼梦》，所读本子就是启功先生1953年注的。虽说《红楼梦》是白话小说，但其中所涉及的许多名物、典故、俗语、方言等等是很难的，甚至是深奥的，对我而言仍然是陌生的，启先生的亲切明白的注释给我的帮助太大了。几十年后，我自己成为一个文艺学研究者，但每当翻开启功先生的著作，一股清新的学术之风扑面而来。尤其是他的那些不古不今不雅不俗实际是汇古今雅俗于一炉的“絮语”，那种亦庄亦偕的精辟之论，给我以启示以思考以情趣以娱乐。启功先生是“学为人师”的楷模!

“一枝一叶报春风”

启功先生为人谦和诚恳，对人礼貌周到，对学生平等相待。大概是80年代初期，启功先生还住在小乘巷的平房里。那时我也住在校外，有几次傍晚骑自行车从学校回家，就拐一小弯，到启先生家里小坐片刻，问候他老人家。启先生每次见到我都很高兴。在他那简朴的书房里，他总要把唯一的坐着比较舒服的椅子让我坐。推让再三，他才肯坐下。他喜欢吃花生，所以书桌上总是有一盘花生仁。坐稳后，他就把那盘花生仁推过来，我立刻推过去。如此“礼让”数次，直到那盘花生仁离两人的距离差不多对等时，这才罢休。随后开始聊天。启功先生记忆极好，从不会把学生的名字忘掉。我的爱人曾恬离校多年，他仍记得她的名字，问长问短。启先生连我岳父曾次亮也几次提到。我岳父生前在中华书局任编审，他专门研究古代天文历法，在这方面有专长。70年代启功先生在中华书局标点《清史》，有时遇到一些天文历法方面难以解决的问题，就找我岳父帮助解决。这事情早已过去，可启功先生多次问到“曾老先生”，称赞他如何有学问。

启功先生讲课中

启功先生一辈子热爱自己的老师，又爱护自己的学生。最能说明这一点的就是他设立的“励耘奖学金”。大家都影影绰绰知道启功先生的收入很多。现如今荣宝斋启先生写的一副对联，标价就是4万元。如果按这个价码计算，十副就是40万，一百副就是400万。这样算下去，那启先生岂不成了一个大富翁了吗？其实情况并非如此。书法是一种艺术创作，要有创作心境，要有创作环境，要有创作题材，要有创作构思……并不是随便拿起笔来，就可以写的。更重要的是，启功先生的书法艺术作品，不总是什么商品，更多的时候是应别的朋友、同事、熟人、学生而写的，在这种情况下，他是分文不取的。记得我有一次受朋友之托，请启先生写青岛大学的校名，启先生说千万别送东西和钱。还有一些作品也可能获得酬金或变成商品，但那收入所得变成一种很庄重之物，成为奖掖后人的精神源泉。这里要说的就是他设立的"励耘奖学金"。他从1988年动议，至1990年冬攒足了书法作品100件，画作10件，自己捐出1万元装裱费，拿到香港开了一个展览会。展览完了，启先生一股脑把字画全卖了。共得2202763港币，连同在国内获得的酬金13万元，一起存入银行，建立了"励耘奖学金"。至今奖学金已经评了三次。获奖的优秀青年教师、优秀研究生和优秀本科学生200多人。这不仅是物质奖励，更重要的是精神的鼓舞。

值得一说的是，启功老师自己建立的奖学金为什么不叫"启功奖学金"，而叫"励耘奖学金"，这是怎么回事？原来启功先生年幼时家庭困难，连中学也没上完。幸运的是他遇上了我国著名的历史学家陈垣先生。陈先生介绍他去辅仁中学教国文，两年后因他没有大学文凭解聘了他。陈垣就又把他介绍到辅仁大学当助教，从此师从陈垣先生。陈垣先生对他几十年的精心教育，使启先生异常感动，时刻铭记于心。此事光是我就不知听过多少遍。一个学生能对培育自己的老师如此念念不忘，我还很少见到。我们在《启功韵语》上可以读到题为《扇上写青松红日为励耘师寿》的诗："万点松煤写万松，一枝一叶报春风。轮囷自富千春寿，更喜阳和日正东。"这是为老师祝寿的诗，那"一枝一叶报春风"的感情实在令人感动。这"励耘"就是陈垣老师书房的名字。想必启功先生经常出入这"励耘"书房，留下美好的记忆，唤起了对老师教育之恩的感念，所以在自己名满海内外之际，执意要用“励耘”作为奖学金的名称。启先生一生把名利看得很淡，但对老师的教育之恩看得很重，而同时也把栽培青年学生的事业看得很重。即此一端，也可以知道启功先生“行为世范”了。

启功老师已到望九之年，身体依然健康。祝老师身更康，笔常健，心不老，笔随意到诗胆壮!

（《时代潮》1999 年第 6 期）

钟敬文教授的“认真”

杜甫当年曾发出“人生七十古来稀”的感叹，可我的老师钟敬文教授已经活到99岁，至今还是我们学校中文系民俗学研究所的所长，还继续给学生讲课，还继续带着博士生。有时我跟他开玩笑，说：“钟先生，您肯定是中国最老的所长了。”他笑笑说：“是吗？”他似乎还没有意识到自己是世界上最老的教授、最老的“博导”、最老的所长，他的心还是那样年轻，就像春天刚刚长出淡绿色的新竹叶，或者像暗绿色旧叶上新吐出的鲜嫩的新松针……

钟敬文教授被国内外的学者称为中国民俗学之父。他在民俗学研究方面，尤其是民间文学研究方面的贡献，不是三言两语能说得清楚的，就是写几部专著来研究钟老的学术成就，也未必能尽其意。所以在这篇短文里我想仅就钟老的敬业精神和认真的教学、治学态度，漫议一二。

20世纪50年代，钟先生就是学生们仰慕的老师。他上课时的情景至今不忘。他衣着整洁，精神饱满，迈上讲台，用那和蔼的眼光向教室扫了一眼。第一次来听他的课的学生以为钟先生也是那类不带讲稿只带三根粉笔随意发挥谈笑间就把学生的心“俘虏”的教授。不，完全不是。他从书包里掏出一个笔记本，那里密密麻麻写了他要讲的内容。然后，他开始读讲稿，用带着广东调的普通话读起来。他规定听课的学生必须记笔记。每句话差不多都要重复一遍，连逗号、句号、顿号、感叹号都一一读出来。当他说“逗号”“句号”的时候，你一定想学生会笑起来。没有，没有一点笑声。大家被老师那种严谨、认真的精神所感动，连忙把“逗号”“句号”连同那修饰得很好的学术语言记录下来。但你别以为钟先生就这样一路读下去。每读完一段以后，他会把头抬起来，用具体的事例生动地确切地阐释他刚才读过那段文字。学生也获得了一段“休息”时间，仰着脸看着钟先生，聚精会神地听。当这种没有“句号”“逗号”的阐释结束后，他重新读讲稿，中间又可以听见那有“句号”“逗号”声音的非常特殊的朗读……更令学生们吃惊的是，上过几节课后，钟先生会按照学生点名册点几位学生的名字，然后把这几位学生的笔记本收上来，带回家去阅读，上面偶尔会写上一段批语，某些不完整的句子被加上了一些词语，而变得完整起来，至今还有一些已经变成老人而退休了的“学生”珍藏着这样的笔记本，尽管笔记本上的知识变得不那么重要，但满篇都似乎写着“认真”两个大字，是为人治学的永远的铭言。

也许你会说，钟敬文教授那时还年轻，不过40多岁，精力充沛，现在已是年届百岁的老人，难道还像50年代那样认真吗？朋友，我告诉你，一个人要是想成就一番事业，最重要的精神之一就是“坚持”。钟敬文教授的“认真”，就像一棵生生不息的树木，坚持着生长不会停止下来，又像那一汪的春水坚持着永远流向远方。这不，他现在已经99岁了，视力有些退化，但他的“认真”还在“坚持”着。他现在的主要工作是指导博士研究生。全系判考生的答卷，就数他最慢。为什么总是他最慢呢？原来他判卷与别的导师不同。他总是把跟他共同招生的老师（差不多都是他的老学生）叫到他窄小的会客厅兼书房，把考生的答卷拿出来，由几位老师轮流着读，他和大家则专注地听，听完了大家发表意见，于是这张答卷暂时成为他们的学术讨论会的题目，每个人都要拿出自己的评价意见，来不得半点含糊，好就是好，不好就是不好，深刻就是深刻，平庸就是平庸，然后给分，76或87，然后他可能又会想起一点什么补充意见，觉得那份判了87分的答卷还有一条好处被忽略，建议给加3分，87分的那份答卷于是在顷刻间就被提升为90分。一份答卷经过如此又念又评又改，所花费的时间等于开了一次小型讨论会。一天过去了，没判几份。临散会时，有人建议要提速。钟先生自己也说：对，要加快速度。第二天却依然照旧。判卷几乎还是像小型讨论会一样。没有一份优秀的答卷或平庸的答卷能逃过他的视野。各个教研室的答卷早就判完，上交研究生院的时间早过，系里负责收答卷的小赵，心里急得如火烧眉毛，可钟先生的阅卷小组的工作正“如火如荼”。

钟老对学生的作业尤其是学位论文的审读也有妙招。他把学生叫到他的窄小客厅兼书房。他老先生坐在一把陈旧的沙发上，让学生坐在更加陈旧的沙发上。一个爷爷和一个小孙子，两个似乎合作要演出什么精彩的剧目。其实，他又用了判卷时候的方法。他让学生读自己的作业或论文，他闭目养神似听非听。学生诚惶诚恐地读着自己的作品，看一眼老师，猜想老师是不是睡着了，故意清了清嗓子。钟老知道学生想的是什么，半睁开眼说：怎么不往下读？往下读！学生只得往下读。他又闭上了眼睛。不是用“视觉”而是用“听觉”捕捉着每一点他想捕捉的东西。突然，他完全睁开了眼：停停，这里有……于是把学生论文中观点的偏离或资料的不实或逻辑的混乱一一指出来，或者大声称赞此处很有新意但要加以补充。或者站起来找一本书，准确翻开其中的一页，发挥其中的观点，供学生参考。然后继续演出开始时爷爷与孙子合作那一幕。就这样，学生作业或论文中的每一个肤浅、错漏，或深刻、新颖之处都没有逃过他的“听觉”。

一个人一辈子做一件事认真是容易的，但一辈子做一切事情都始终认真是多么不容易啊！

此刻是早晨6点，钟老像往日一样从他住的红二楼“认真”走出来，手里拿着一根手杖。他来到了天天必来的操场。他围着操场转，他在“认真”散步，可那手杖并不触地，却在手里抡着，抡出了一个又一个圆圈，抡着，抡着，抡出了满天的艳丽的朝霞。

（《中国文化报》2001年9月26日）

为人治学的楷模
——在郭预衡先生追思会上的发言

郭预衡先生离我们而去，我感到无比的悲痛，我觉得身边又失去一位不可多得的良师益友。这个损失是无可挽回的。

郭预衡先生是我的老师。我 1955 年上大学一年级的时候，系里开设了一门“文选及习作”课，讲课的是启功先生和郭预衡先生，李少明先生则给我们修改作文。在我的印象里面，当时郭先生给我们讲的多是古典散文。他对自己所讲的内容真正地做到了如数家珍、烂熟于心的地步。特别是讲韩愈和柳宗元的为人和为文，他讲得特别的深入，给我们的教益很多，启发很大。由于他是我们的授课老师，所以我留校任教后，也就很快熟识起来。

郭预衡先生为人和治学两个方面都给我们树立了崇高的榜样。

为人方面，郭预衡先生一生严于律已，宽以待人，淡泊名利，严谨治学，专心著述，从不左顾右盼，更无“仕途经济”之想。1963 年，中宣部到北师大搞整党试点，中文系党内“揪”出了两个走“白专道路”的人，这两人被当时系里的人称为“一老一少”，“老”的就是郭预衡先生，“少”的就是我。其实当时郭先生才 40 出头，并不“老”。他一心一意治学，在《红旗》《光明日报》和大学学报发表一些研究中国古典文学、文学理论、鲁迅和《红楼梦》的文章，又没有所谓的“成名成家”之想，只是老老实实做学问，怎么会走“白专道路”呢？当时是一个“读书有罪”的时代，“极左”的政治路线占上风，所以郭先生和我都是“极左”路线的受害人。我检讨了一个月都没有过关，郭预衡先生就来帮助我，说要按照党的要求去做。他对那次长达一个月的批判不但毫无怨言，还对我说：一个人一辈子不免要遇到一些挫折，千万不要灰心，以后还是要努力读书写作。他的谆谆教导，促使我振作起来，他的话我至今仍铭记于心。其实，郭预衡先生作为一个真正的学者对于出人头地、争强好胜的事情真没有兴趣。我想起了1979年的一件事情。那年春天，教育部要重新制订高校的教学计划，决定派郭先生到昆明去参加会议，参加那次会议的都是文学语言界的一些前辈学者，如王元化、唐弢、王瑶、李何林、蒋孔阳等，在一般人看来，这是跟这些前辈学者联络的大好机会，但郭先生对此无兴趣。他反复地推辞，最后他亲自到我家里，动员我替他去参加会议。我那时住在月坛北街，他就抽了一个晚上特意从北师大到我家里，十分恳切地劝说我，让我去替他参加那个重要的长达一个月的会议。郭预衡先生一生本来是可以去争取自己应有的一些权利，但他把这看得很淡，从不去争长论短，而总是把机会让给别人，他的毫无自私自利之心是如此宽广与博大。即使他受了委屈，遭到不公平的待遇，也是沉默以对，冷眼而观，不去讨公道，不去要说法，我觉得他是一个坐硬板凳的书生，但也是一个真正的硬汉。我们要提倡和学习郭预衡先生的这种为人和做派。

2009年，左起程正民、郭预衡、童庆炳

郭预衡先生治学精神同样令人敬仰。他的学问功底扎实深厚，不但在系里是少有的，就是在全国，有这样功底的学者也屈指可数。郭预衡先生一生治文学史，硕果累累。他的160万字的上中下三卷本《中国散文史》，奠定了他在中国文学研究界的崇高地位。这部著作的宏大规模，资料的翔实，历史的眼光，作家的选择，作品的深刻分析，散文理论的创新，都是中国文学史上不可多得的。这是他一生心血的结晶，也是我们文学院、全国古典文学界的一个学术标杆和典范。我这样说是一点也不为过的。迄今为止，我们文学院获得教育部哲学社会科学一等奖的，就郭预衡先生这部散文史。我已经在不同场合说过，十年内中国没有学者撰写的散文史能超越郭预衡先生的这部著作。

郭预衡先生不但研究散文史，对中国古典文学的其他方面，也有精心的独到的研究。无论他研究什么，总会发前人所谓发，道前人所未道。“文章千古事，得失寸心知。”我们如果不深入了解郭预衡先生的各种研究，我们就不会理解他研究中的新的创造。如1963年发表的《论宝黛爱情的悲剧意义》一文，提出了宝黛新型爱情说。文章说，贾宝玉和林黛玉“这两个人的爱情并不是等闲的公子小姐的爱情，也不是陈腐的才子佳人的爱情，在当时来说，乃是在旧的形式下的一种新型的爱情”。认为宝黛对于爱情的看法，都是“张君瑞所不曾言，柳梦梅所不曾想”。“这种爱情已经开始超出‘一见倾心’或‘男欢女爱’的古典的范畴，而是接近具有新的理想的近代的范畴。”这种“新型爱情”说，前人都未明确说过，是郭预衡先生首倡，他对“红学”研究的贡献是不可埋没的。我为什么有这种看法呢？因为我学术的起步也是“红学”，对相关文章特别关注，情况比较熟悉一些，所以发现郭预衡的论点后，至今还是认为他的“新型爱情”说，仍然是“红学”中一大发现。最近十余年来，我开始研究《文心雕龙》，我读了郭预衡先生60年代写的两篇“龙学”论文，即《“文心雕龙”评论作家的几个特点》和《“文心雕龙”论一代文风》，他对刘勰一些观点的阐述，如关于“风骨”的看法，与黄侃的看法不同，与当代许多学者的看法不同，这里有郭先生新的理解和新的发现。郭预衡先生由于学力深厚，加之治学异常严谨，所以只要他下功夫的地方，就总会有新探索、新见解和新发现。郭预衡先生的学问是留给我们最好的宝贵遗产，我们必须努力学习它，把它发扬光大。

我个人受益于郭预衡先生的地方很多，大至为人治学的教导，小至回答我所提出的古文中某句话的理解，某个字的读法，郭先生从不吝赐教。他的离去使我失去了一位导师，一位领路人，我的哀痛是难于言表的。

（《社会科学论坛》2010 年第 18 期）

做“四有老师”，为党和人民培育英才
——北京师范大学文学院党校党课上的演讲①

各位同志，各位老师，各位同学，大家好！

首先，让我热烈祝贺北师大中国文学院党校的成立，这是我们文学院的一件大事，是我们文学院党委的一件大事，是值得我们铭记的一件大事。今天我为党课作的报告题目叫做“做‘四有老师’，为党和人民培育英才”。

去年教师节，党中央总书记习近平同志访问北师大，作了意义深远的讲话。现在离这个时间不远，但我们应该温习，真正地为人民为党为国家培育英才，做“四有老师”。

习近平总书记当时说：“教育是提高人民综合素质、促进人的全面发展的重要途径，是民族振兴、社会进步的重要基石，是对中华民族伟大复兴具有决定性意义的事业。教师是人类历史上最古老的职业之一，也是最伟大、最神圣的职业之一。人们常说：‘教师是太阳底下最崇高的职业。’自古以来，中华民族就有尊师重教、崇智尚学的优良传统，正所谓‘国将兴，必贵师而重傅；贵师而重傅，则法度存’。在古代，孔子被推崇为‘大成至圣先师’，被誉为‘万世师表’。在中华民族5000多年文明发展史上，英雄辈出，大师荟萃，都与一代又一代教师的辛勤耕耘是分不开的。”

我觉得习总书记的这段话，说明了教育的重要性。首先，教育的最基

---

①本篇演讲稿由北师大文学院姚爱斌教授据现场录像整理而成，特此鸣谢。

本的任务是促进人的全面发展；第二，教育是民族复兴，社会进步的重要基石；第三，说明了教师的重要，习总书记说“教师是太阳底下最崇高的职业”。孔子就是一名教师。我今年 80 岁了，我从始至终认为，我就是一名普通的教师。尽管我有很多著作，但是，我看重的第一位的东西就是，我是一名教师。到现在为止，我培养出来的博士生已经超过了 70 名，还有一部分是博士后、高级进修教师和硕士生。那么今天我可以在这里骄傲地说，我培养的这些学生，没有一个是贪污犯，没有一个是腐败分子。这是我为他们感到骄傲的地方。我认为自己一生的意义之所在，就是我是这些学生的老师，我指引他们走向生活，走向社会，走向自己的职业岗位，而且他们在那里为人民为祖国为党做出了自己的贡献，这是我为之骄傲的事。所以做一名教师是非常了不起的。

习书记又说：“邓小平同志曾经指出：‘一个学校能不能为社会主义建设培养合格的人才，培养德智体全面发展、有社会主义觉悟的有文化的劳动者，关键在教师。’教师重要，就在于教师的工作是塑造灵魂、塑造生命、塑造人的工作。一个人遇到好老师是人生的幸运，一个学校拥有好老师是学校的光荣，一个民族源源不断涌现出一批又一批好老师则是民族的希望。国家繁荣、民族振兴、教育发展，需要我们大力培养造就一支师德高尚、业务精湛、结构合理、充满活力的高素质专业化教师队伍，需要涌现一大批好老师。”

习近平对广大教师提出了要求，这就是要做“四有”好教师，即有信念理想的好老师，有道德情操的好老师，有扎实学识的好老师，有仁爱之心的好老师。

今天我就想结合我自己从教 60 年的教学实践，结合我的中学好老师和大学好老师的模范事迹，来讲一讲我们如何才能达到习近平同志提出的要求，做“四有”老师。

习近平同志讲：第一，做好老师，要有理想信念。

2014 年 9 月 9 日，习近平总书记与童庆炳亲切握手

陶行知先生说，教师是“千教万教，教人求真”，学生是“千学万学，学做真人”。老师肩负着培养下一代的重要责任。正确的理想信念是教书育人、播种未来的指路明灯。不能想象一个没有正确的理想信念的人能够成为好老师。唐代韩愈说：“师者，所以传道授业解惑也。”“传道”是第一位的。一个老师，如果只知道“授业”“解惑”而不“传道”，不能说这个老师是完全称职的，充其量只能是“经师”“句读之师”，而非“人师”了。古人云：“经师易求，人师难得。”一个优秀的老师，应该是“经师”和“人师”的统一，既要精于“授业”“解惑”，更要以“传道”为责任和使命。好老师心中要有国家和民族，要明确意识到肩负的国家使命和社会责任。

说到底，做个好老师首先是要“传道”的。什么是“道”，传什么“道”？这是我们必须了解的。道，就是我们对国家、对社会、对个人的观念评价，对周围人事的评价取向。对我们所有的中国人来讲，就是要学习和践行党中央提出的“社会主义的核心价值观”。一个党员在入党的时候，就是要有理想和信念。这是任何时候都不能放弃的。当我们举起拳头向党旗宣誓的时候，我们所想到的是我们这辈子就是要为共产主义事业而奋斗终身。1955 年 7 月 1 日是我加入中国共产党的日子，至今已经近 60 年了，但是我始终记住我入党宣誓的那一刻，我一辈子都不会忘记那一刻。入党的誓词不是随便说说，对共产党和共产主义，你一旦认同了它，你就要以毕生的力量去实践它，为之而奋斗，这样我们的生活和生命才会变得有意义。我想给大家讲一讲我的老师的故事。

我的老师黄药眠先生是1903年生人，他是中国当代的思想家、美学家、文学理论家，他是在1928年参加中国共产党的。大家知道，在1927年的时候，蒋介石背叛了革命，国共第一次合作破裂。可以想见，在这个时候，中国的共产主义事业是处在一种艰难的时刻的。我的老师正是在这个时候选择加入中国共产党，他认识到共产主义的伟大。那时他是作为一名创造社的成员、作为一名诗人，加入共产党的，随后就到莫斯科的中山大学，一边从教，一边学习马克思列宁主义。他在1930年回国的时候，就遭到了国民党的逮捕，被关进南京的一座监狱，他被判了十年的徒刑。但是就在这样的情况下，他仍然坚持在监狱里学习外语，学习马克思列宁主义，坚定自己的目标。后来，在1936年，国共第二次合作，周总理亲自到狱中把他接出来，他到了延安。但是在延安他面临审查。按照当时的情况，审查是必需的，但是他性格刚烈，感到不理解，他认为自己好不容易从敌人的监狱中出来回到共产党母亲的怀抱，却遭遇这种待遇是不公平的，因此他就以去武汉治病为由提出要走。临走之前遇到一位老熟人，老朋友听说他要离开，就知道是因为审查没有通过的问题，就让他等一等，自己去中组部帮他解决这件事。但是等了两个小时也没有音信，司机催促他出发，最后他一跺脚就选择了离开。虽然他脱离了党的组织，但是他的共产主义信念并没有变。他一路到了武汉、桂林，随后到了香港，从事了八年的抗日宣传工作，并且于1959年在香港成立了达德学院，这里成为了共产党左派的基地。中央决定将黄药眠先生和钟敬文先生请回来在北师大任教，成为北师大的一级教授。我的老师成为了党内的理论家，受到当时党内所有理论工作者的重视，比如当时主管文艺工作的周扬，在黄药眠先生被划为右派以后，依然把他选为全国人民政治协商会议的委员，并且在每次会议中见到我的老师都致以极大的尊敬。1980 年他的右派身份被纠正，我和一位延安来的干部，当时是我们中文系的党总支书记刘默，到他家去传达指示，澄清黄先生并非右派，而始终是一位进步的教授。黄先生立刻提出要重新入党的问题，他要求党组织可以为他恢复党籍。面对家人的不理解，已经 80 多岁的黄老师说，“我不为什么，我始终坚信共产主义是人类最美好的理想，我年轻时候的选择始终是没有错的”。生活中当然会有许多曲折和坎坷，共产党就像我们每一个人一样，都会犯错误，但是中国共产党最大的先进性在于犯错误之后会认识错误、改正错误，这就是好样的。所以我们要这样来理解我们的信仰。

2001 年与钟敬文先生

钟敬文老先生在 90 高龄的时候，有一次在书店里看到了新来的《共产党宣言》，这是他“五四”时期阅读过多少遍的书，他又买下了一本。我就问他：“你既然已经看过很多遍了，那么你是买来打算再看一遍吗？”他说：“不，你看我现在就把它放在书架上，我是在欣赏它，我认为这本书非常重要，是年轻时给过我力量的一本书，所以我现在重新买下它，只是因为它重新出版了。”这件事里有很深刻的含义，说明钟敬文先生是热爱中国共产党、信仰共产主义的。

我作为一个党员，始终坚定实现共产主义理想的决心。共产主义是人类的美好理想，虽然其实现可能有些遥远，但我们要把这一理想深深地扎在心里。可能平时我们想的不多，但是在一些关键的时刻，我们就会想到它。2006年我以中央马克思主义理论研究和建设工程文学理论小组的首席专家的身份访问莫斯科，我和朋友在拜谒列宁墓之后，到了莫斯科郊外的一个非常僻静的山庄，这里就是列宁一生最后生活的地方。我们来到列宁故居，从一楼走到二楼，来到他的书房。就在我摸到了列宁的书桌和书架的那一刻，我心里哼唱起《国际歌》，眼泪潸然而下，不可抑制。我一般是不会流泪的，但是在那一天，我哭了。因为我想到了，苏联共产党苏维埃建立了人类历史上第一个社会主义国家，在我们国家无论是内战时期、抗日战争时期还是解放战争时期都为我们提供了许多援助，列宁为中国的解放事业说了很多话，做了很多事，为中国革命事业做出了很大的贡献。但是现在，苏联已经不复存在，俄罗斯人民也不再信仰共产主义，他们议论着要焚烧列宁的遗体，将他从红场转移到其他地方去。我觉得苏共当时选择戈尔巴乔夫做接班人是错误的，他所谓的“新思维”将苏共搞垮了，最后使苏联崩溃解体。就我而言，我不会干戈尔巴乔夫那种事，他大不了我几岁。你可以从我尸体上踩过去，但我不会宣布苏联解体，不会让第一个社会主义国家崩溃。我一辈子最佩服的一首诗，就是一位弱女子写的一首诗，李清照的《夏日绝句》：“生当作人杰，死亦为鬼雄。至今思项羽，不肯过江东。”生命就应当是这样。我们应当选择真正有理想、有信仰、有梦想的人来做我们的领导，这才是我们的希望所在。那些不坚定的分子，是隐藏在我们队伍中的非常可怕的力量。

我给大家讲个故事，1964年10月16日那一天，大家知道中国发生了什么事情吗？中国第一颗原子弹爆炸了。那一天我不在北京也不在我的老家，那一天我在越南的河内。那年我28岁，在兴奋了一天之后，第二天我坐着车奔向河内师范大学。到达学校门口时发现学校的大门紧闭，和往日不同，我的司机就按了两下喇叭。大门突然敞开，向我走来的是河内师范大学的校长，一位已经60多岁、矮个子的留法的权威，还有全校的老师和学生，他们的嘴里就说着一个词“中国”。他们将我从车中抬出来抬到他们作为大会堂的一个巨大的茅草棚，将我推上讲台，老校长在会堂里作了热情洋溢的演讲，他将中国原子弹爆炸和中越“同志加兄弟”的友谊联系在一起，这枚中国的原子弹似乎也属于了越南。之后我也被要求发表了演讲，虽然我现在已经不记得自己说了什么，但是每句话都会收到热烈的掌声。我说过什么并不重要，重要的是在那个礼堂的数千越南师生的眼里，我代表的是中国。会议结束我被抬回车上，路两旁绽放的红色的木棉花似乎都在为中国微笑喝彩，我一瞬间理解了“祖国”的含义。祖国是什么，祖国就是冬天里突然给你送来的一盆炭火，就是春天时刻耐寒绽放的梅花，祖国就是夏天炎热难耐时一阵清风徐来，让你感到舒适，祖国就是秋天里田野里的果实，你收获了它不会再去忍受饥饿。祖国对你来讲就是一切。这里全部的体会我都在1994年写成了一篇散文，题目就叫做《那天，我就是中国》。

这就是我讲的做好老师，要有理想和信念。

今天，我们还在社会主义初级阶段，我们要践行社会主义的核心价值观：倡导富强、民主、文明、和谐，倡导自由、平等、公正、法治，倡导爱国、敬业、诚信、友善，积极培育和践行社会主义核心价值观。富强、民主、文明、和谐是国家层面的价值目标，自由、平等、公正、法治是社会层面的价值取向，爱国、敬业、诚信、友善是公民个人层面的价值准则，这24个字是社会主义核心价值观的基本内容，是我们可以去亲自实践的内容。我们在校的老师，还有未来要走上教师岗位的同学们，我们都要踏踏实实地去践行这些内容，不但要自己这样做，还要带领学生这样去做。这个价值观随着国家社会的发展，还会提出更高的要求，我们要一步步提高我们的理想的水平。

习近平同志指出：第二，做好老师，要有道德情操。

老师的人格力量和人格魅力是成功教育的重要条件。“师也者，教之以事而喻诸德者也。”老师对学生的影响，离不开老师的学识和能力，更离不开老师为人处世、于国于民、于公于私所持的价值观。一个老师如果在是非、曲直、善恶、义利、得失等方面老出问题，怎么能担起立德树人的责任？广大教师必须率先垂范、以身作则，引导和帮助学生把握好人生方向，特别是引导和帮助青少年学生扣好人生的第一粒扣子。

师德是深厚的知识修养和文化品位的体现。师德需要教育培养，更需要老师自我修养。做一个高尚的人、纯粹的人、脱离了低级趣味的人，应该是每一个老师的不懈追求和行为常态。好老师要有“捧着一颗心来，不带半根草去”的奉献精神，自觉坚守精神家园、坚守人格底线，带头弘扬社会主义道德和中华传统美德，以自己的模范行为影响和带动学生。

我觉得这里有几个关键词，比如说善恶。我觉得这个问题是很重要的，我们要与人为善。与老师为善，与学生为善，与朋友为善。所以我常提倡将孔子《论语》的“己所不欲，勿施于人”作为小学生的第一课，向社会普及，这是孔子提出的一个最低的道德标准，被联合国教科文组织列为中华民族的一句箴言。应该将其推广，使它成为最有力量的一句道德名言。那么，在大敌当前的时候，我们要勇于牺牲，要跟残暴的敌人、恶的敌人作斗争到底，这一点是丝毫不能够含糊的！

再比如说是非。讲是非就是要“实事求是”，要坚持自己的意见，放弃自己的错误思想，但是我们不要随便低头，不畏权势。这里我可以讲一讲我自己的经历。1963 年搞“红砖白砖大辩论”。你们知道什么叫“红砖”“白砖”吗？“红砖”就是无产阶级的砖，“白砖”就是资产阶级的砖。那个时候在中文系，我就被当作了“白砖”的典型，在党内挨斗。那个时候我们班有个同学要退党，我去劝阻他，我说“你退出的是光荣、伟大、正确的中国共产党，你这种做法是错误的”。结果在批斗大会上我这种行为却受到了批判，说我是丧失立场，说我这是“站到他的立场上替他着想”，因此是站到了敌人的一边。就这样整了我一个月，结果我得了肺炎住了院。在这种情况下，党总支书记找我谈话，他说："现在你得了肺炎，这（批斗）会呢也就不再往下开了，但是，你错误还要承认。"我说我没有错，为什么说我写了一篇文章就成了"白砖"，而且我是劝他不要退出中国共产党，这没有错。党委书记说，你不要再说了，反正现在组织已经决定让你去越南接受考验，你去不去？我说无所谓，我不怕战争和牺牲，我去。这也有了前面我所说的在越南的经历和那篇散文。

1966年，"文化大革命"开始了，我是当了一个月的"反革命"的。当时的工作队队长把我打成了"反革命"。当时我是在现在的汉语文化学院的前身，也就是研究生办公室当教研室的主任，正在教着外国的学生。突然有一天，在食堂贴了我的27张大字报："坚决打退童庆炳的反党反社会主义的猖狂进攻！""坚决把野心家童庆炳揪出来！"……都是这样一些题目。我一看，原来是这么一回事。头一天晚上，我在北师大女附中做语文老师的妻子告诉我，进入学校的一个工作队一开始就把10个学生打成"反革命"了。我说不对啊，这次不是要整"走资派"和反动"学术权威"吗，这些个女学生这么年轻，既不是"走资派"，也不是什么反动"权威"，整她们干什么呀？我的妻子很生气，就召集院子里女附中的老师们都到我家来写大字报，写到深夜还是没有写出来。我只好起来帮他们出主意，帮他们从《红旗》杂志上抄了一些关于斗争方向的话。结果第二天，他们将大字报贴出去以后，就被工作队打成了"反革命"。他们发现大字报中后面的字体不对，一查，有人认出是我的字，结果就说我也是攻击工作队的"反革命"，因此我就当了一个月的"反革命"。那个月里，我不承认错误，我说我不过是帮他们抄写了半张大字报，而且我抄的内容是正确的，难道这次运动不是整"走资本主义当权派"吗，难道不是整反动的"学术权威"吗，难道你们还有什么新的说法吗？因为我不承认错误，他们就不让我回家，每天要到晚上十点钟才放我的假。因为当时我担心妻子，所以每天晚上我还是要回我在女附中的家。后来工作队被打下去啦，说工作队"执行资产阶级路线"还是什么原因的，我们就获得了翻身。所以说，是非的问题我们要搞清楚啊，是就是是，非就是非，我们没有犯错误，我们为什么要承认错误。一旦犯了错误，我们一定要批判错误。一定要采取这种态度。在你有了自己的权势之后，不要去欺负别人，要养成尊重别人的习惯，要关注别人的感受。随便利用自己的身份和地位去欺负别人的人，是最没有出息的。所以说，是非很重要。

还有义利，这是与追求真理、服从真理有密切关联的。真理属于大家，我们大家都要服从真理。如果你发现你没有抓住真理，真理在别人手中，那么你就要放弃自己，服从别人。别人的就是别人的，自己的就是自己的。无论面对什么义利，我们只有这一种实事求是的态度。

在道德的操守层面，还有得与失的问题。我们应该得到自己应得的东西，失去自己应失的东西。不能样样都要。做官有得和失，你必须清楚和明白，如果你没有清楚这一点就去当官，那么这不好。就这一点来说，我是这样做的。比如说1985年、1986年我是有当官的机会的。那个时候，中央组织部找我来谈话，说现在中央研究准备让我到教育部当基础教育司的司长，后面还有重要的任用，问我去不去，说先给我几天时间考虑。我说你不要走，我立刻就回答你，我不去，我对当官没有兴趣。当官无非就是一种生活方式的改变，那个时候很多老干部官复原职，我到那里无非就是陪这些老人们喝茶、聊天、看《人民日报》，或者是累个半死，各省市奔跑，无非是这样。我不习惯做这个事情。我愿意在北师大这样一个普通的学校里面，和这些朝气蓬勃的学生们一起来讨论一些学术问题。人家也提醒我说，当官有当官的待遇，你要想好。我说我知道，无非是工资高，房子大，但是我不愿意得到这些东西，我不去就意味着我放弃这些东西。在北师大这个环境里，我不会硬去要求这些东西，到现在为止，我的住房面积也不到100平米，但是我觉得够了。总之，当官有当官所能得到的东西，但是你也会失去一些东西，所以你必须想清楚。

也就是说，要做一名好老师，你首先必须在是非、曲直、善恶、义利、得失这些问题上面不能够总出问题，要担当起立德树人的责任，要率先垂范，以身作则，要引导学生把握好人生的方向，让他们扣好人生的第一粒扣子。

习近平同志指出：第三，做好老师，要有扎实学识。

老师自古就被称为“智者”。俗话说，前人强不如后人强，家庭如此，国家、民族更是如此。只有我们的孩子们学好知识了、学好本领了、懂得更多了，他们才能更强，我们的国家、民族才能更强。扎实的知识功底、过硬的教学能力、勤勉的教学态度、科学的教学方法是老师的基本素质，其中知识是根本的基础。学生往往可以原谅老师严厉刻板，但不能原谅老师学识浅薄。“水之积也不厚，则其负大舟也无力。”知识储备不足、视野不够，教学中必然捉襟见肘，更谈不上游刃有余。国外有位教育家说过：“为了使学生获得一点知识的亮光，教师应吸进整个光的海洋。”在信息时代做好老师，自己所知道的必须大大超过要教给学生的范围，不仅要有胜任教学的专业知识，还要有广博的通用知识和宽阔的胸怀视野。好老师还应该是智慧型的老师，具备学习、处世、生活、育人的智慧，既授人以鱼，又授人以渔，能够在各个方面给学生以帮助和指导。

那么我们作为教师如何才能获得扎实的学问而给予学生以智慧的指导呢？主要是要抓住积累、质疑、深入、宽阔、刻苦这五个关键词。没有天生的智者。智者也是百分之九十九的努力加一分天赋。

关于积累，也就是习近平总书记所引的庄子的名言：“水之积也不厚，则其负大舟也无力。”你自己如果没有丰富的学识，怎么去传授学问呢。古人说要读万卷书，行万里路。我自己呢，就是从我的那座山村起步然后走到我们福建西部的一个龙岩城，然后再走到北京，从北京再走向世界各地去从事我的教育事业。那么，你必须要有扎实的学识，学和识这两者是有联系的，但是又是有区别的，学就是知识的积累，识就是见识，见识要广博深厚，能够融会贯通，能够举一反三，这才是学识。做一个好老师要有扎实的学识。

关于质疑，宋代理学家陆九渊有句名言：“为学患无疑，疑则有进。”我们要在质疑中把问题搞清楚。

关于宽阔，王之涣有言：“欲穷千里目，更上一层楼。”苏轼有言：“不识庐山真面目，只缘身在此山中。”我们要在积累和质疑的基础上，更进一步，使我们自己有一种宽阔的知识的胸怀。

关于深入，用朱熹的话来讲就是：“读书有三到，谓心到、眼到、口到。”我们的老校长陈垣校长加上“手到”，所以他说的读书就是“四到”：心到、眼到、口到、手到。“手到”是说，你必须用手去抄书。

关于刻苦。这一点我想是无需多说的。

以上是习近平所讲的第三点，做好老师，要有扎实的功底。

习近平同志还指出：第四，做好老师，要有仁爱之心。

教育是一门“仁而爱人”的事业，爱是教育的灵魂，没有爱就没有教育。好老师应该是仁师，没有爱心的人不可能成为好老师。这一点我是非常同意的。热爱学生是重要的。但我主张对学生要宽严相济。对学业要严格，不能放松，必须使学生在你的指导下，能够有所得，知识能够不断增长，眼界不断开阔，这是非常重要的。对其他的方面则可以宽松一些。所以说老师要有爱心和严厉地要求学生，这是并不矛盾的。无论是严是宽都是爱。我有时候也会训斥学生，一直到哭，但我内心仍然是爱，他以后会深深地感受到。热爱学生，就要平等对待每一位学生，有些事情上要抬抬手，让学生过得去，更不要欺负学生。有的老师做得不好，甚至想去欺负学生，这是令人无法容忍的。我们应当觉得学生是我们自己的儿女，是自己的兄弟姐妹，要用这样一种精神对待他们，要像爱你的兄弟姐妹那样去爱学生，这是我一贯的思想。高尔基说：“谁爱孩子，孩子就爱谁。只有爱孩子的人，他才可以教育孩子。”教育风格可以各显身手，但爱是永恒的主题。爱心是学生打开知识之门、启迪心智的开始，爱心能够滋润浇开学生美丽的心灵之花。其实许多老师，比如像钟敬文老先生，他一辈子在博士生考试、硕士生考试判考卷的时候，都是速度最慢的，全系都判完卷子了，唯独他的卷子没判完。这是为什么呢？因为他要进行非常严格的挑选。到晚年的时候，他的眼睛不太好了，但是他耳朵还挺好，于是他就组织一个评阅试卷的小组，让评阅小组里的人一句一句念给他听。听完他会有一个判断，这个学生行，可以录取，为什么可以，他有一套解释。他要这么认真地把每一份卷子都以这种方式看完，如此严格。但这也是对学生的一种爱。这样学生在他的面前就做到了人人平等，他是通过自己的耳朵知道了哪些学生水平高，可以录取，哪些学生水平还暂时不够，还不能录取。我始终认为，我作为一位老师，学生是我的第一产品。我对他们只有永远的热爱。

习近平总书记在去年教师节的时候来北师大讲，要做“四有”好老师，我非常同意他的讲话，而且他的这次讲话是具有深远意义的。我们今天的党课就是要重温习近平总书记的讲话，做“四有”老师，为党和人民培育英才。

我的话就讲到这里。

谢谢大家！

（2015 年 5 月 20 日）

演讲全程站立两小时后，夕阳余晖下，童庆炳（中）微微扶腰而去

五 审美人生

审美是人生的节日

同学们好！北京的冬天总是这样阴冷，但我今天讲的题目却是一个灿烂的题目：审美是人生的节日。在这个题目下我准备讲三个问题，第一，什么是审美？或者说什么是人的审美活动？第二，实现人的审美活动需要什么条件？第三，为什么说审美是人生的节日？或者说在何种意义上说，审美是人生的节日？

审美活动与人性

20世纪50年代中国发生过一次美学大讨论，集中讨论的是“美”的本质的问题。形成了好几派，其中有一派就认为美是客观的。这在今天看来真是无法理解。美怎么是纯客观的呢？难道在人类还没有产生之前，在荒山野岭中就存在什么美吗？谁认为它美呢？美永远是对人来说的。离开人，美就无所谓美与不美。谢天谢地，我们今天已经再不提或很少提美的本质的问题。我们已经认识到所谓美是人类的一种活动。所以我们所提的已经是“审美”是什么的问题了。提问的转变，表现了美学界的学术进步。“审美”是一个中国词，审美是什么意思？实现审美的条件是什么？这需要有明晰的说明。审美是人类的一种独特的必不可少的精神活动。就它的范围来说，是很宽阔的。生活中处处都存在审美。衣食住行中都有审美。审美可以是我们每日每时都要发生的事情。然而就实质来看，审美究竟是人类的一种怎样的活动呢？

审美是与人、人性的觉醒密切相关的。没有人和人性的觉醒，也就不可能有什么审美。可以这样说，审美是“人的本质力量的确证”（马克思）。人从千万年的实践活动中，使自身成为人，成为具有人性心理的人。例如，原始的人只有性的欲望和活动，如同一般动物一样。但是经过长期的社会实践活动，一点一点地改造自己，人最终使本能的性欲变成了具有精神品格的爱情，具有审美品格的爱情。人与动物就这样区别开来。感觉成为人的感觉，人性心理终于成熟，人的意识终于觉醒，人具有了人的一切肉体的和精神的本质力量。如同马克思所说：人的“感觉的形成是以往全部世界史的产物。”[①] 在这种条件下，自然（包括外部的自然和人的自然）在人的意识、人性心理的主动作用下，终于可以成为人的对象。审美又是一种人的对象性精神活动，就是因为人在审美活动中体现了人的意识、心理和一切本质力量，把自然当作人的对象，从而建立起了活动的机制。

例如陆机《文赋》云:“悲落叶于劲秋，喜柔条于芳春。”表面看这是简单的动物性的刺激——反应的关系，只是把外部自然当作一种物理性的对象，其实不然。在这里对秋的萧条和春的生机的描写本身，把春秋景物作为对象，就已经是主体的意识活动的结果，而“悲”与“喜”则更是诗人的一种心理状态的表露。这里包含了对自然对象的体验、理解、联想和想象等。这短短的两个句子，就是人的整体精神活动表征。可见人的本质力量与自然对象之间，在人性心理的作用下，建立了一种关系，这种关系的建立之日，也就是人的对象性精神活动展开之时。我们说审美是人的一种精神活动，就在于在审美活动中，作家把外部自然和人的自然作为自己本质力量的确证，从而把文学变成人的精神活动过程。在这里我们必须严格区别客观存在与审美对象，当客观存在只是一种纯然的存在时，并不能为我的感觉所掌握，那就还不能成为我的对象，既然存在还不能成为我的对象，我与存在的关系

① 马克思:《1844 年经济学—哲学手稿》，人民出版社 1972 年版，第 79 页。

也就还不能建立，那么审美活动也就还不能形成。马克思在《1844年经济学—哲学手稿》中说：

> 从主体方面来看：只有音乐才能激起人的音乐感；对于不辨音律的耳朵说来，最美的音乐也毫无意义，音乐对它说来不是对象，因为我的对象只能是我的本质力量的确证。

这里马克思就音乐的欣赏，对欣赏中的“存在”和“对象”作了有意义的区分。马克思的意思是，音乐演奏当然是存在，但这存在就必然是审美对象吗？马克思认为，这还不能肯定。按马克思的说法，一支乐曲（任何审美客体都如此）虽然是客观存在，但它不被人们所欣赏，或由于主体缺少音乐的耳朵而实际上没有欣赏，这时候，它是毫无意义的，对该主体来说，它不是对象，欣赏活动无法形成。因为，“我的对象只能是我的本质力量的确证”，活动有待于主体与对象关系的建立。同样的道理，春天的景色是客观存在，但是如果“我”因为暂时无欣赏春天景色的愿望或我的欣赏能力有限，“我”不能把握它的美，因此春天的景色还不能成为我的对象，“我”与“春天的景色”没有建立起诗意的联系，那么“我”不能欣赏它，更不能用语言描写它，于是审美活动也就无法形成。香山春天的桃花、秋天的红叶、冬天的松柏，还有那朝霞、落日、月亮、泉水、碧云寺、卧佛寺、黄叶村、琉璃塔等能不能成为我们的审美对象，都有待于人与这些事物所建立起来的诗意联系。没有这种诗意联系，也就没有“人的本质的对象化”，当然也就没有美。

更进一步说审美产生的根源还在于人的实践活动。人类在改造自然和社会实践活动中，掌握了事物的发展规律，这就有了“真”。人类作为主体把掌握的这些规律运用于创造人类的幸福的事业中去，达到了预想的目的，这就有了善。当真与善达到一致的和谐时，即所谓达到“合目的性”与“合规律性”的统一时，就产生了美。一个小孩走在湖边，拣起一块石子，向水面投去，他期望着出现他的作品，果然湖面漾起一圈圈涟漪，他看到自己的杰作，笑了起来，这就是审美。这是小孩的实践活动产生的结果。多年前我有一次学割麦子的经验。学习过程是掌握“真”的过程，运用这学到的“真”的本领用到多割麦是“善”，而我终于在割麦中产生了审美的感受，这就是美了。其实工人、农民在出色完成自己的工作中，都会有这种审美的感受。上甘岭战役是中国人民志愿军的作品，在他们战斗的时候，并不存在什么美，但日后深沉的回忆、观照这场战斗就是审美活动。

审美活动实现的条件

那么，人的审美活动的实现需要什么条件呢？要回答这个问题就不是简单的。总的来说，审美是人类精神活动之一种，它的实现是一种创造，是多层面的整体关系的创造。整体性关系是审美的基本特征。审美活动对人而言是瞬间的事情，但如果加以解析，起码有四个层面：

第一，审美主体层。审美的“审”，即观照——感悟——判断，是主体的动作、信息的接受、储存与加工，即以我们心理器官去审察、感悟、领悟、判断周围现实的事物或文学艺术所呈现的事物。在这观照——感悟——判断的过程中，人作为主体的一切心理机制，包括注意、感知、记忆、表象、联想、情感、想象、理解等一切心理机制处在极端的活跃状态。这样被“审”的对象，包括人、事、景、物以及表达它们的形式，才能作为一个整体的结构，化为主体的可体验的对象。而且，主体的心灵在这瞬间要处在不涉旁骛的无障碍的自由的状态，真正的心理体验才可能实现。主体的动作是审美的动力。主体如果没有“审”的愿望、要求和必要的能力，以及主体心理功能的活跃，审美是不能实现的。从这个意义上说，文学审美场创造的第一层是主体心理层。例如我们欣赏诗歌毛泽东的《卜算子·咏梅》：“风雨送春归，飞雪迎春到。已是悬崖百丈冰，犹有花枝俏。俏也不争春，只把春来报。待到山花烂漫时，她在丛中笑。”先要我们有欣赏它的愿望、要求，进一步要全身心投入，把我们的情感、想象、理解等都调动起来，专注于这首诗歌所提供的画面和诗意，我们才能进入《咏梅》所吟咏的诗的世界。要是换成那时的苏联人，就不可能有这种要求与愿望了，没有要求与愿望，有审美能力也是无济于事的。

第二，审美客体层。审美的“美”是指现实事物或文艺中所呈现的事物，这是“审”的对象。对象很复杂，不但有美，而且有丑，还有崇高、卑下、悲、喜等等。因此，审美既包括审美（美丽的美），也包括“审丑”“审崇高”“审卑下”“审悲”“审喜”等等，这些可以统称为“审美”。对于审美来说，客观层最重要的特征就是整体关系。对象的整体结构关系极为重要。格式塔心理学的先驱者奥地利人爱伦费斯率先提出“格式塔”概念。审美的对象与格式塔的概念密切相关。“格式塔质”这个概念是怎么回事？爱伦费斯举例说：我演奏一支由六个乐音组成的熟悉曲子，但使用六个乐音作这样或那样的变化（如改音调，从C调变成B调，或改用别的乐器演奏，或把节奏大大加快，或大大放慢等等），尽管有了这种改变，你还是认识这只曲子。在这里一定有比六个乐音的总和更多的东西，即第七种东西，也就是形—质，原来六个乐音的格式塔质。正是这第七个因素能使我们认识已经变了调子的曲子。[1] 爱伦费斯把格式塔质叫做“第七个因素”，这明显还受元素论的影响。实际上，“格式塔质”并不是“第七个因素”，或者说它不是作为一个因素而存在的。它是六个音的整体性结构关系，或者说它是作为经过整合完形的结构关系而存在的。如“565 — 3565 —”在《大海，故乡》这首歌中，它不是单个音符的相加，它是整体结构所传达出的一种“弦外之音”“韵外之致”。审美对象应该具有格式塔性质。有没有格式塔，在很大程度上决定审美活动能不能启动。

---

①［美］杜·舒尔茨，杨立能等译：《现代心理学史》，人民教育出版社1981年版，第297页。

格式塔的实质就是各种关系组合。记得年轻的时候，有一次因为有事步行去一个陌生的村子。它有一个好听的名字，叫做桃花村。村子在一个山坳里，不走到跟前是看不到的。我走了很久，走累了，喘着气在路旁坐下来休息。这时，从村子的方向来了一位驼背的老者，黝黑的脸上布满皱纹，皱纹像一页一页翻开的历史书，充满了生活的风霜雨雪。我连忙站起来，向他鞠了一躬，并问道："老大爷，从这里到桃花村还要走多少时间？"老大爷似乎没有听到一样，继续走自己的路，那脸上一点反应都没有。难道他是一个聋子或哑巴？我又重复了我的问题。老者还是慢慢地走自己的路，根本不理睬我提的问题。我有些生气了，但想到他可能是一个聋子或哑巴，也就消了气，甩开步子向陌生的村子走去。当我走出大概有几十步路的时候，老者突然从我的背后用铜钟一般响亮的声音喊了起来："小伙子，按你现在的步子，到桃花村还要走 30 分钟。嘿嘿！半小时。"我回过身来，看见他微笑着，然后不等我的感谢的话，继续弯着背慢吞吞地走自己的路。我明白了，我提的问题是"从这里到桃花村还要走多少时间？"这个问题老者当时确实是无法回答的，因为他不知道我走路的速度，要是我像蜗牛那样爬呢，那岂不几天也走不到；要是我脚下抹了油，飞快滑动呢，那恐怕连 5 分钟不到也就到达目的地了。到达桃花村的时间在于路程的长度和我的步子的速度的关系。他一定要知道我步子的速度之后，才能估计我到桃花村所需的时间。在我甩开步子走时，老者肯定在仔细观察我步履的速度，然后才有那一喊。我这样想的时候，似乎看见那老者额头上皱纹之间流动的是"智慧"之光了。到达目的地桃花村的时间，在于步子的速度与路程的关系。重要的不是关系项，而是关系，或者说关系重于关系项。我那时还不能用如此明晰的学术语言表达。

实际上，对审美的客观层面而言，也必须要看对象的整体结构关系。离开这一点，也是无法谈审美的。其实，这个问题我们的古人早就有过思考。公元前一百多年，汉代淮南王刘安主持编写的《淮南子》一书中说："靥酺在颊则好，在颡则丑。绣以为裳则宜，以为冠则讥。”“靥辅”即女人面颊上的酒窝，意思是说，酒窝长在面颊上是美的，可要是长在额头上那可就不美了。五彩的绣花绣在裙子上是美的，要是绣在帽子上那可就不美了。这里存在一种关系组合。刘安生活在千年之前，不够“现代”或“后现代”，说不定在“现代”或“后现代”的观念里，酒窝长在额头上，在帽子上绣花，不也很美吗？不过这是另一种关系组合了。

在我看来，作为审美的重要对象的文学的艺术特质，不存在于文学的个别因素中，而存在于文学的全部因素所构成的复杂的结构中。我们假定有这么一种东西是“君临”一切的，“统帅”一切的。有了它，作为艺术的文学才成为文学，离了它，文学就变成了一些人、事、景、物的堆砌。这样看来，文学的艺术特质不是别的，就是文学的格式塔。我的看法是文学格式塔与我们古代诗论中的“言外之意”“韵外之致”“景外之景”“象外之象”这些词语最为接近。所不同的是西方人到18～19世纪才明确提出这个思想，而我们的古人在7～8世纪的唐代就提出了这种理论。

2008年在书房

举一个诗歌方面的例子来说，温庭筠的《商山早行》中有“鸡声茅店月，人迹板桥霜”这样两句诗，这是真正的诗，历来脍炙人口。这两句诗共写了“鸡声”“茅店”“月”“人迹”“板桥”“霜”等六个景物。妙的是诗句仅由此六个景物构成，连衔接的动词都没有。如果把这六个景物孤立起来看，虽说也有言、有象、有意，但都毫无意味。谁也不可能把它们当成诗。

但当这六个景物，经过诗人的“整合完形”，并被纳入到这首诗的整体组织结构中时，在我们的感受中就创造了一种不属于这六个个别景物，而属于整体结构的意味，这就是那种溢于言表的“羁愁野况”的韵致，它已是“大于部分之和”的整体性的东西，一种“新质”，即“格式塔质”。任何真正的诗、小说、散文、剧本，都存在着这种“格式塔质”，正是它表现了文学的艺术特质，把艺术与非艺术区别开来，把文学与非文学区别开来。

再举一句诗歌来说一说。大家看一看“群鸡正乱叫”，你觉得这句诗怎么样？这是杜甫的句子，是名篇《羌村三首》中的句子，是写他在经历了“安史之乱”之后，在经历了炮火连天的战争之后，在回到了家乡，见到了分离多年的妻子儿女之后，对和平生活的温馨的感受和由衷的赞美。在这里，杜甫的诗是作为一个整体存在的，而不是作为一个孤立的句子存在的。

再举举小说的例子来说，在《红楼梦》中，你可以找到创造的因素——作者虚构的荣、宁二府和大观园，想象中的宝玉、黛玉、宝钗的三角关系等等；你也可以找到反映的因素——一幅中国18世纪的贵族阶级和其他阶级人们的“离合悲欢、兴衰际遇”的图画；你可以找到心理因素——透过“满纸荒唐言”发现作者的“一把辛酸泪”；你可以找到社会因素——封建末世贵族阶级似“百足之虫，死而不僵”的气象和“好一似食尽鸟投林，落了片白茫茫大地真干净”的无可挽救的命运。总之，你可以从《红楼梦》中找到文学结构中的各种因素，但你找不到孤立存在的格式塔。格式塔在《红楼梦》中是作为文学诸因素之间的关系而存在的，它似乎是“虚空”，但却又处处感觉到它的存在。因为有了它，《红楼梦》中“金陵十二钗”及她们的“事迹原委”的描写，甚至极其琐碎又枯燥的楼阁轩榭、树木花草、床帐铺设、衣服饮食等等描写，才显得五色迷人，耀人眼目，沁人心脾。第三回写王熙凤迎接林黛玉进荣国府时的那句话——“我来迟了，不曾迎接远客”——历来为人称道。人们分析说，未见其人，先闻其声，写尽凤姐的放肆圆滑和泼辣，道出凤姐在荣府中的特殊地位，令人咀嚼、回味。其实，如果把这句话从《红楼梦》的整体中抽出来看，不过是一句极普通的家常话，既无深意，也无诗意。原来，这句话的深意与诗意并非来自这句话本身，而是来自这句话与《红楼梦》整体的格式塔关系，来自这句话与当时那特殊情景、氛围的关系，来自这句话与王熙凤其他言行的关系。美的意味在格式塔关系中。第十回张友士给秦可卿开的药方，什么“人参二钱，白术二钱、云苓三钱、熟地四钱……”全部照录，第五十三回，乌进孝的账单，什么“大鹿三十只，獐子五十只，狍子五十只，猡猪二十个……”也全部照录，这样枯燥的药方和账单若是单挑出来看，当然更是毫无艺术意味的非文学因素。但是作者一旦把它们整合到《红楼梦》的艺术关系中，变成小说的有机组成部分，处于与小说的其他因素的审美联系中，就获得了一种特殊的意味，成为带有文学性的东西。

王蒙的小说《说客盈门》，其中最后一段是“统计数字”：

> 在六月二十一日至七月二日这十二天中，为龚鼎的事找丁一说情的：一百九十九点五人次（前女演员没有点名，但有此意，以点五计算之）。来电话说项人次：三十三。来信说项人次：二十七。确实是爱护丁一，怕他捅娄子而来的：五十三，占百分之二十七。受龚鼎委托而来的：二十，占百分之十。直接受李书记委托而来的：一，占百分之零点五。受李书记委托的人委托而来的：六十三，占百分之三十二。受丁一的老婆委托来劝“死老汉”的：八，占百分之四。未受任何人的委托，也与丁一素无来往甚至不相识，但听说了此事自动为李书记效劳而来的：四十六，占百分之二十三。其它百分之四属于情况不明者。

这在新时期刚开始不久所发表的小说中，这样的统计语言甚为鲜见。如果小说前面的语言没有建立幽默的文学性格式塔关系，那么王蒙的这样枯燥陈述，岂不把自己的小说毁坏？现在不但没有毁坏，反而与前面的描写“相得益彰”，在幽默中耐人寻味。这个例子同样可以说明文学的格式塔，虽不是文学的一个具体因素，却比一个具体因素重要得多，正是它把一切非审美的因素整合在一起，使这篇小说成为审美对象。

第三，审美时空层。审美还必须要有“场”。场是指审美活动展开所必须有的特定的时空组合和人的心境的关系。“场”本来是从物理学中引进的一个概念。格式塔心理学家认为，像电场、磁场、引力场一样，人类的心理活动也有一个场。按美籍德国心理学家 K·莱温的看法，心理场是由人与现实环境、主体与客体、情与景相契合而形成的“具有一定疆界的心理生活空间”。当然完整地说这个“心理生活空间”，应包括特定的时间、空间和心境及三者的关系。如果有人问，暴风雨美不美？那是无法回答的。你还必须问：这对谁？在怎样的时空中？我小时候常上山挑柴，每当暴风雨来临，不论我正在山上砍柴，还是正挑着柴走在山路上，这对我都是灾难，我从未在这个时候认为暴风雨是美的。但是我也经历过这样的时刻，安全，悠闲，但缺少刺激，这时我在高楼上，突然听见雷电的轰鸣，随后是那排山倒海般的风雨，我觉得那风那雨像刘邦的《大风歌》一样的壮阔雄伟。还有我多次看见（在电影、电视中）战士出征的画面，伴随着暴风雨，显得特别的悲壮。暴风雨只有与审美主体建立起一定的关系，才可能是美的。孤立的作为“关系项”的暴风雨无所谓美不美。

如果有人问天鹅美不美？这也是无法回答的。你还必须问：这对谁？在怎样的环境中？我亲眼看见过天鹅在旱地上走路的样子，它的腿很丑，走起路来完全像鸭子那样左右摇摆，十分难看。天鹅只有在湖面上成双成对地游泳，把它的丑陋的腿没在水里，伸着它那美丽的长脖子和头，左顾右盼，悠闲自在，或者在蓝天下展翅飞翔，一往无前，奋力搏击，而欣赏者又恰好有那种欣赏的心情和雅兴，它才是美的。天鹅只有在适当的“语境”关系中，有与审美主体建立起某种关系，才可能是美的。

例如，你不能抽象地问《咏梅》美不美，这要看对谁？是什么时间和空间？在何种心境下？从这个意义上看，文学心理场创造的第三个层面是生活时空层。

第四，审美历史积淀层。审美的实现还必须有历史文化的条件。因为审美场不是孤立的存在，它的每一次实现都必然渗透人类的、民族的历史文化传统，同时历史文化传统又渗透、积淀到每一次审美的实现中。人们总是感觉到审美场让我们想起了过去的什么，似乎是文化传统凝结的成果。例如我们欣赏《咏梅》，就会联想起我们民族通过"梅花"比喻人的高洁、顽强，联想到我们的祖先的坚强意志和克服一切困难的勇气，联想到我们中华民族的聪明才智……从这个意义上说，审美活动的第四层是历史文化层。中国文学艺术有它特定的文化语境，不了解这个语境的人很难欣赏中国的文学艺术作品。

当以上四层面构成一种完整和闭合倾向的活动时，那就是人的审美和审美活动的实现。四层面缺一不可。缺少其中一个层面，审美活动就不能实现，而且四个层面必须具有完整闭合倾向，审美活动才能实现。

概而言之，审美是心理处于活跃状态的主体，在特定的心境、时空条件下，在有历史文化渗透的条件下，对于客体的美的观照、感悟、判断。审美实现的过程是创造的过程，是多层面的整体过程。

文学的创造与欣赏也是一种审美活动，也是由上面所讲的四个层面的参与才实现的。例如，我们欣赏杜甫的《闻官军收河南河北》："剑外忽传收蓟北，初闻涕泪满衣裳。却看妻子愁何在，漫卷诗书喜欲狂。白日放歌须纵酒，青春作伴好还乡。即从巴峡穿巫峡，便下襄阳向洛阳。"首先，我们作为欣赏的主体要有欣赏这首诗的愿望与要求，要是我们根本就不想读什么古诗，那么审美活动也就不能开始。其次，必须有这么一首好诗，一首内容令人感动、同时充满韵调的好诗，我们的审美才有对象。第三，要有欣赏的心境。第四，要有有关唐代"安史之乱"的知识。

审美与节日

现在来谈谈第三个问题，为什么说审美是人生的节日？节日是什么概念？节日意味着与非节日的区别，意味着从凡庸的世界进入一个新奇的世界，意味着从一个受束缚的世界进入一个自由的世界。节日起码有几个特征：（1）人生不能没有节日。没有一个民族是没有节日的。节日是民俗。民俗是民族的精神遗产。人是民俗的动物，是文化的动物。因此节日对于人而言是不可或缺的，像空气与水那样不可缺少的东西。没有节日人是受不了的。所以人们要制造各种节日。在这个意义上，审美像节日一样，也是不可缺少的东西。人是会发生审美的饥渴的。想一想八亿人八个样板戏的时代。一个《卖花姑娘》是如何的轰动，又是如何的凄惨。（2）节日的另一个特征是氛围感。人处在节日中，就进入一种兴奋的欢乐的氛围中，甚至处于心醉神迷的境界，这是另一个世界，一个超越功利的世界。审美中的人，也如同置身于节日的氛围中，恰好也有这种兴奋的、忘我的、全身心投入的状态。审美是无功利的。（3）节日的第三个特征，或者说最重要的特征，就是它的精神自由和它对现成世界的正规性、压抑性、永恒性、不可改变性的消解，对于变动性、未完成性的肯定。如果说非节日是由官方统治的话，那么节日属于另一个世界，属于平民的狂欢，自由精神统治一切。可以犯规，可以出格，可以反常，可以颠三倒四，可以不顾等级的规定。可以摆脱一切刻板的条文。这是一种乌托邦思维，一种超越时空的想象。如同在节日一样，在审美活动中，人的精神获得了最大的自由。所谓“故寂然凝虑，思接千载，悄焉动容，视通万里；吟咏之间，吐纳珠玉之声，眉睫之前，卷舒风云之色，其思理之致乎？故思理为妙，神与物游。”这里我想给大家朗读前苏联诗人叶夫图申科的一首题为“我想……”的诗，其中有这样的诗句：“我想潜入/深邃的贝加尔湖，/憋着气/钻出/密西西比。”“我想爱/世界上所有的女人，/ 也愿意成为一个女性，/ 哪怕只有一次……”看看在文学的审美创造中人可以获得多大的自由。最后我想说的是，我们需要四个现代化，但我们还需要第五个现代化，那就是富于人文关怀的审美的现代化。这样我们才是真正意义上的人。

编者注：本文系 1999 年 5 月在北京大学哲学系学术节上的讲演，同年 11 月 12 日在首都师范大学中文系学术节也用此稿作了讲演；此后，在中国政法大学、三峡大学、南通师范大学、新加坡南洋理工大学等十余所大学讲演，也是用此稿。收入中国政法大学编：《名家大讲堂》，知识产权出版社 2014 年版。

谈审美与人的全面发展

近几年来，有两个词在各种场合出现的频率特别高，即“以人为本”和“人的全面发展”。在《中国共产党第十六届中央委员会第三次全体会议公报》中，提出了“五个坚持”，其中指出：“坚持以人为本，树立全面、协调、可持续发展观，促进社会经济和人的全面发展。”“以人为本”和“人的全面发展”给文学艺术开辟了广阔的生存和发展空间，因为作为审美高级形态的文学艺术的本质特征就是以人为本、以人的情感为本、以人的本质力量为本，其最大的功能就是促进人的全面发展。

工业文明与人的断片化

在当代世界学术思潮中，出现了一个十分引人注目的现象，那就是各种学科从不同的视角关注并研究人自身。这种现象的出现并不是偶然的。随着现代工业文明的突飞猛进、经济的快速发展，人类的物质生活水平有了很大提高。显然，这一切都是现代工业文明给人带来的好处。但是，工业文明给人类带来的是双重的“礼品”，人在发挥自己的聪明才智获得巨大的物质利益的同时，也付出了昂贵的代价。这主要是人的断片化。什么是人的断片化呢？这要从德国思想家、作家席勒和伟大的马克思说起。席勒生活在18世纪的德国，在工业文明刚刚露出曙光的时刻，他曾超前地预见到人类将用很高的代价来迎接工业文明。他一针见血地指出：“现在国家与教会，法律与习俗都分裂开来，享受与劳动脱节、手段与目的脱节、努力与报酬脱节，永远束缚在整体中一个孤零零的断片上，人也就把自己变成了断片了。耳朵里所听到的永远是由他推动的机器轮盘的那种单调乏味的嘈杂声，人就无法发展他生存的和谐。”①

资本主义现代工业的发展给人类带来的某些灾难，证实了席勒的论点。资本主义现代工业的一大特征就是劳动分工的进一步发展。在一个工业流水线中，每一个人只负责其中的一个工序，永远重复着同一个动作，人被死死地捆绑在机器的一个局部上，或者说，人也变成了机器的一种手段。从一定意义上说，资本主义现代工业文明实际上是很不文明的，因为在这里，人不再是人，原本是完整的人变成了机器的附属品，变成了一个个断片，现代人本性的内在纽带，就这样断裂了。人们的知、情、意被活活地割裂，资本主义工业文明带来了“一代感觉迟钝的人”。席勒的思想充满了对人自身的关心，他所发出的是人道主义的呼唤和警告。

卡尔·马克思听到了席勒的呼唤和警告，他循着席勒的思路继续思考。他发现，工业文明造成人性的分裂和人的断片化的原因是资本主义条件下必然要发生的“异化劳动”。所谓异化劳动，用通俗的话来说，就是劳动者感觉不到劳动的亲切和愉快，而是感到劳动处处与劳动者为敌。首先，劳动的异化使劳动者与他们的产品相敌对，因为他们的产品都被资本家掠夺去了，于是劳动者生产愈多，供他消耗的就愈少，他创造的价值愈多，他自己就愈无价值，愈下贱；他的产品造得愈美好，他自己就变得愈残废丑陋；他的对象愈文明，他自己就变得愈野蛮；劳动愈有威力，劳动者就愈无权；劳动愈精巧，劳动者就愈呆笨，愈变成自然的奴隶②。

其次，更为严重的是异化劳动使劳动者的人性受到摧残，失去了人的本质力量。因为，“他的劳动不是肯定而是否定他自己，不是感到快慰而是感

---

①［德］席勒，徐恒醇译:《美育书简》，中国文联出版公司1984年版，第51页。

② 参阅马克思:《1844年经济学—哲学手稿》，人民出版社1972年版，第52页。

到不幸，不是使人自由地发挥他的身体和精神两方面的力量，而是摧残他的身体，毁坏他的心灵。所以结果是：人（劳动者）除掉吃、喝、生殖乃至住和穿之类动物性功能之外，感觉不到自己自由活动，而在人性的功能方面，他也感觉不到自己和动物方面有任何差别。动物性的东西变成了人性的东西，人性的东西变成了动物性的东西”①。

就这样，劳动者在这种异化劳动中由人变成了非人，变成了动物。在整个资本主义工业文明的异化劳动中都面临着人的断片化的现实危机。这就是马克思沿着席勒的人道主义的思路所做出的惊骇世人的结论。也许大家都看过著名演员卓别林参加演出的电影《摩登时代》，在影片中，人与机器完全一样，人也是整个机器的一部分，人的身体进入机器，随机器的转动而转动，人已经成为非人。这虽然是一个喜剧，里面有许多夸张，但夸张的背后是生活的真实。

有人可能会提出，马克思的结论产生于资本主义的资本积累时期，在资本主义经过了一个多世纪的调整之后，劳动者并未出现绝对贫困化的新条件下，人的断片化的问题是不是已经解决了呢？人们会想，随着电子信息时代的到来，机器可以自动运转，劳动者的生活也改善了，人的劳动强度大大降低了，闲暇时间越来越多，人类是不是就可以免除人性断片化的危险了呢？情况并非如此。西方马克思主义者、美国学者赫伯特·马尔库塞认为：集中营、大屠杀、世界大战和原子弹这些东西恰恰是现代科学技术和统治成就的自然结果。“人对人的最有效征服和摧残恰恰发生在文明之巅，恰恰发生在人类的物质和精神成就仿佛可以使人类建立一个真正自由的世界的时刻。”②这是马克思的弟子在20世纪向人类发出的新的警告。断片的人要走向全面发展的人，这是马克思在一百多年前就憧憬的理想。与席勒的返回古希腊文

① 参阅马克思：《1844年经济学—哲学手稿》，人民出版社1972年版，第81页。

②［美］马尔库塞，黄勇、薛明译：《爱欲与文明》，上海译文出版社2005年版。

明的说法相反，卡尔·马克思主张向前看。他认为，只有实现共产主义，才能实现人的全面发展，才能使人“作为一个完整的人，把自己的全面的本质据为己有”。

在这里马克思指明了一条从断片的人发展为全面发展的人的真正出路。那么，马克思所理解的“完整的人”究竟是什么样的呢？马克思认为，完整的人、丰富的人、全面发展的人作为理想的人，应该具有人类的全部特性，而“自由自觉的活动恰恰就是人类的特性”。这里所谓的自觉，是指人的活动是合目的性合规律性的，人能按自己的需要展开有目标有计划并具有能动性的活动；这里所说的自由，是指人的心灵的自由，即人的知、情、意诸心理功能的自由协调的活动。

审美作为从断片的人到全面的人的中介

马克思的理想也许还要经过若干岁月才能实现。聪明的人类并没有消极等待，他们早就开始寻找从断片的人向完整的人过渡的中介。在科学技术文明高度发展的今天，他们更深入地探讨人自身的处境，并寻求克服人性断片化的办法。于是人们的目光不约而同地投向了审美。审美是从断片的人向完整的人过渡的重要中介。在西方，较早提出这一主张的还是席勒。席勒从他的人道主义的理想出发，为了克服人性的断片化，提出了美育。他认定，从感觉的受动性到思维和意志的能动状态过渡，唯一的途径就是通过审美这一中介。在他看来，要使感性的人成为理性的人，即从不完整的人到完整的人，从片面的人到全面发展的人，首先要使他成为审美的人。于是他提出了美学史上一个著名的论断：“只有当人在充分意义上是人的时候，他才游戏，只有当人游戏的时候，他才是完整的人。”①

---

①［德］席勒，徐恒醇译：《美育书简》，中国文联出版公司 1984 年版，第 90 页。

这里说的游戏，不是指孩童的戏耍，而是指基于审美需要的审美活动，其中又以对文学艺术美的创造和鉴赏为主要内容。马克思也认为文学艺术中的审美活动可以使人获得德、智、体、美全面发展，可以使人的本质力量得到对象化。

为什么文学艺术的审美活动可以成为从断片的人到全面发展的人的一种中介呢？从一定意义上说，断片的人被束缚在单一的感觉上，其他一切肉体的、精神的能力都成了牺牲品。当然，他们已经丧失了“感受音乐的耳朵、感受形式美的眼睛”。他们丧失了自己的精神家园，就像一个远离故乡的游子茫然无所依归。他们的感觉钝化，已不能领略杜甫的“细雨鱼儿出，微风燕子斜”那种自然景物的细微变化。他们的情感已经麻木，不能体会贺铸的“若问闲情都几许？一川烟草，满城风絮，梅子黄时雨”那种无尽的愁思和“昼出耘田夜绩麻，村庄儿女各当家。童孙未解供耕织，也傍桑阴学种瓜”那种温馨的田家乐，更不会有李白的“人生得意须尽欢，莫使金樽空对月。天生我材必有用，千金散尽还复来”的豪情和陶渊明的“采菊东篱下，悠然见南山”的闲情逸致。他们的想象力已经萎缩，他们无法相信女娲补天、后羿射日和孙悟空的七十二变。他们的理解力也已下降，难以体味屈原的“路漫漫其修远兮，吾将上下而求索”，王维的“行到水穷处，坐看云起时”，刘禹锡的“沉舟侧畔千帆过，病树前头万木春”，苏轼的“横看成岭侧成峰，远近高低各不同”等诗句中的深刻哲理。

心理功能的严重障碍已成为断片的人的基本特征。而审美体验恰好就是清除心理障碍的适当途径，它可以帮助人们恢复各种心理功能，使人的心灵进入一个无障碍的、自由和谐的境界，使人既有感性的青年性和理性的成年性，为人的全面发展的实现创造条件。在审美体验的瞬间，诸心理因素之间，不是这个压倒那个，也不是那个压倒这个，而是各种心理器官完全畅通，达到了自由和谐境界。正是在这个意义上，我们说审美是自由在瞬间的实现，审美是苦难人生的节日，是由断片的人到全面发展的人的一个中介。

在文学艺术的审美体验的瞬间，人的感知、回忆、联想、想象、情感、理智等一切功能都处于最自由的状态，人的整个心灵暂时告别现实而进入自由的境界。你可上九天揽月，也可下五洋捉鳖；你是一个男人，却可以尝一尝女人分娩的痛苦；你是一个乞丐，却不妨去当一回国王；如果你愿意，你可以从黄河钻进去再咕咚咕咚从亚马逊河钻出来……

我记得苏联诗人叶夫图申科的一首题为“我想……”的诗，其中开头一段是这样的：“我想 / 生在 / 所有的国家里，好让西瓜般的地球 / 亲自为我 / 打开自己的秘密。/ 我想成为世界上各条大街上 / 所有的狗，成为所有海洋里 / 所有的鱼。我不想向上帝 / 顶礼膜拜，可是当东正教的嬉皮士 / 我也不愿意。我想潜入 / 深邃的贝加尔湖，憋着气 / 钻出 / 密西西比。我想在可爱又可憎的 / 宇宙里，独立成为一颗牛蒡，也愿意成为娇滴滴的紫罗兰，/ 我愿意做上帝创造的任何生灵，/ 哪怕做最低下的癞皮狗，/ 但决不做暴君，/ 也决不做听命于暴君的打手……”

现实中一切不可能，在审美的瞬间变成一切都可能。正如古人所说：审美之际，“精骛八极，心游万仞”，“观古今于须臾，抚四海于一瞬”（陆机《文赋》），“登山则情满于山，观海则意溢于海”（刘勰《文心雕龙》）。总之，审美给予人以充分的选择自由使人性的残缺变成人性的完整，断片的人通过审美的中介走向全面发展的人。从这个意义上说，文学艺术的审美对人来说绝不是可有可无的游戏，而是人所需要的一种生存形式。在现代科学技术高度发展的条件下，现代人受到机器、仪表、汽车、高楼的重重挤压，面临着更大的断片化的危险，而防止、医治人的断片化的审美体验，也就成了人的不可缺少的、高层次的精神需要。

科学、哲学和文艺是人的生活之鼎

需要强调的是，实现人的全面发展，审美性的文学艺术起着重要的作用。大家知道，中国古人有一种煮食物的器具叫做鼎，因为有三足，所以才在地上站得稳。人类的精神生活也有“鼎之三足”，这就是和人的心理结构知、情、意相对应的科学、哲学和文艺。科学、哲学和文艺是人的精神生活的“三足”，缺一不可。大体而言，科学赋予人一种客观的语言，使人能与自然对话，使人能在改造自然中又与自然和谐相处。现在的问题是我们常常违背科学去办事。我们只顾向自然索取，而不跟自然对话。自然的报复，就是环境污染、生态失衡。人类再不以科学的态度对待自然，与自然平等对话，人类的生存将难以为继。哲学赋予人另一种特殊语言，使人不但能与别人对话，而且能回答人的“最后问题”。人能不能智慧地生活。人不是为活着而活着，活着要顺应自然又要有所作为。这里就会有矛盾、有问题，这些矛盾和问题的解决，要依靠哲学的思考。

文艺则赋予人一种审美语言，使人能与他人对话，又能与自己的心灵对话。我们应该有这样的意识：与人平等对话，与自己倾心相谈，这是生活的本质。人只有在这种对话中，才能把自己的精神潜能全部释放出来。在文艺作品中，文学又具有特殊的意义，因为文学是语言的艺术，世界上没有什么事物、情感、思想和幻想是文学不能写的。文学能够深刻地表现其他艺术无法表现的东西，从这个意义上，我们似乎可以把文学称为艺术之母。

现在，有一些人担心文学在电子图像时代会消亡，我是不同意他们的看法的。文学有一种特性，就是“无视”和“无听”，它不是画，也不是音乐，但它在文字间流动着情感、隐含着形象，它凭着语言文字可以深入到图画和音乐进不到的最深邃的地方，展示图画和音乐所没有的那种深刻和美。有一些事物不能入画或进入音乐，但文学可以描写一切事物，而且是诗意地描写。

德国著名艺术理论家莱辛在其代表作《拉奥孔》中说：“事实有可以入画的，也有不可以入画的，历史家可以用最没有画意的方式去叙述最有画意的东西。而诗人却有本领把最不堪入目的东西描绘成为有画意的东西。”[1] 因此，只要人类还要进入到这最深邃的地方，领略这图画和音乐所没有的深刻和画意、诗意，那么文学就永远不会终结。

当科学、哲学和文艺都以人为本之时，就是人有希望达到全面发展之日。我们期待着这一天的到来。

（《语文建设》2009 年第 7 期）

①［德］莱辛，朱光潜译:《拉奥孔》，人民文学出版社 1982 年版，第 79 页。

人生七十感言

时间是一种怪东西，有时你觉得它太长，过一日如度三秋，有时又觉得它太短，你的一生可能都快过去了，可觉得童年时光如在昨天。眼看就到古稀之年，生活似乎就快结束，却觉得生活才刚刚开始。航船好像刚从黎明时分美丽的港口起航，可转眼之间已经到达黄昏时分寂寞的港湾。人生对于我们只有一次，你尽管觉得那人生航船走了许多弯路，但已经不能回转，不能重新再来一次。你后悔，觉得浪费了虚掷了许多大好的时光，犯了许多已经无法改正的错误，如果没有虚度那些时光，没有犯那些错误，利用那些时光干什么什么的，那你的人生将如何更加美丽多彩更加幸福美满，将会如何青史留名，但这只是空想而已，因为你已经无法挽回。你获得的教训只能留给你的晚辈。但晚辈不见得听你的，照样走自己的路，照样浪费和虚掷大好时光，照样犯错误。可是你还想说，于是你的感言变成一种独语。

这些年，我喜欢一个“手握青苹果”的故事：一个年轻人独自到沙漠去冒险。他刚刚走进沙漠不久，就遇到了一阵狂风。在迎击狂风的慌乱中，他丢失了全部的行李，行李中有指南针、水、干粮和其他日用品。狂风过后，他在沙漠中，茫然四顾。四面都是沙漠，他不知自己站在什么位置。他慌了。这时候他希望自己衣服的口袋里，还残留什么救生物。他翻遍了所有的口袋，终于在一个裤子口袋里发现了一个青苹果。连他自己也不知道是什么时候，出于什么原因，往裤子口袋里塞了一个青苹果。他惊喜之极。他觉得有了希望。他闻了闻这个青苹果，觉得这是一个水库，是一个粮仓，且无比清香。他握着这青苹果，朝一个方向走去。过了一天，他没有走出沙漠，但他不失望，他又一次看了看闻了闻青苹果。又过了一天，他还是没有走出沙漠，他仍然不失望，他再次看了看闻了闻青苹果。第三天黄昏时分，他惊喜地看到了绿树红花，他终于走出了沙漠。这时候，他兴奋地又一次看自己手握的青苹果，发现青苹果已经变色，水分也差不多干了。他没有扔掉青苹果，而是把它珍藏起来。

我是一位偏僻山区里的贫苦农民的孩子，我能上完大学，随后又留校任教，随后又成为一位教授，随后又能指导研究生，纯粹出于偶然。如果不是手握青苹果，对自己前途充满希望，并为之不懈努力，那么我也许在小学毕业后，遵从父母的要求，留在他们身边，一边充当半个打柴和种地的劳动力，一边过早地娶妻生子，一生走不出那个封闭的小山村。再往后说，即使时光走到了 1963 年，我被定为走“白专道路”，从而心灰意冷，放弃学术研究，再往后，在 1966 年“文革”开始被打成“反革命”“阴谋家”时，从 8 层楼顶上往下跳，或者 1990 年又有人要整肃我时，躺倒不干……我的一生有许多机会和理由不再往前走，徘徊在人生的沙漠中，饿死，渴死，累死，痛苦而死，自杀而死，但我没有死，而是手握青苹果，一步步走出人生的沙漠。

满怀希望，不懈努力，永远向前，前面就是人生的绿树红花。但这不是人生的全部。

你能走出人生的沙漠，仅仅是你自己手握青苹果就能做到的吗？我前些日子编了一个题为“风景、倒影和湖水”的故事：一个景色十分秀丽的湖，湖旁边有一片美丽的树林，那树木高高低低，那树叶的颜色绿红相间，游人来到这里都要“啊”的一声，大叫起来，说太美了。可随后又会“哇”地叫起来：这倒影不是更美吗？你看这透明，这纯净，这写意式的画面，这摇曳多姿的图像！有一天，倒影对树林说：我的伙伴，你虽然站在我的头上，可游人来到这里总是更多地赞美我，看来我的美色还是比你强，不是吗？一阵风吹过，树林只是耸了耸肩，笑笑，不以为然，且得意地不容置疑地说：没有我，哪有你？！这时候，又来了一群游人，照样把倒影赞美一番。游人走后，倒影又忍不住说：难道你还不承认？树林保持沉默，根本不把倒影的话放在心上。秋天来到了，雨水少了，湖水越来越浅，终于有一天湖水干了。树林披上了秋天的盛装，五颜六色，更显得美轮美奂，游人为它的美丽所倾倒，纷纷摁下了照相机的快门。它的伙伴——倒影却完全消失了。人们不免遗憾地说，要是这湖有水就好了，这树林配上倒影不是更美吗？一阵风吹过，黄色的树叶飘落下来。由于湖水干枯，树林的树叶也越掉越多，终于有一天，树叶全掉光了。游人不再光顾这里。没有湖水，就没有树林，没有树林和湖水就没有倒影。没有倒影这里就会缺少美色。湖水、树林和倒影三者构成了那里的完整景色。倒影要知道感谢树林和湖水，树林则要知道感谢湖水与倒影，湖水也要感谢树林和倒影。人的一生都不是孤立的存在。你的人生有时是倒影，有时是树林，有时是湖水，三者相互依存。

在年近古稀的时候，我感激你，我的祖国，你的每一次成功与失败都牵动我的心，我为你高兴得流泪，或者为你痛苦得哭泣。感激你，我的故乡，你给我辛酸而充满诗意的难忘的童年，让我时刻有乡愁的冲动。感激你们，生养我给我以生命和温暖的亲人，没有你们，就没有我。感激你，我的妻子，你给我的爱情、温暖和支持，你是我生活的源泉。感激你们，我的老师们，你们是我的指路明灯，你们给我以知识和勇气，我的身上有你们的影子。感激你们，给我以各种机会的同志和朋友，没有你们是万万不行的。感激你们，我的学生们，你们给我以安慰、愉快和自豪，并使我年轻起来，即使现在你们摆开架势与我争论，我一样地为你们感到安慰、愉快和自豪，因为你们终于成长了。还有你们，孔子、孟子、屈原、司马迁、陶渊明、刘勰、李白、杜甫、苏轼、柏拉图、亚里士多德、黑格尔、康德、席勒、马克思、恩格斯、普希金、别林斯基、卡西尔等等，你们留下的书本犹如知识的宝藏，让我挖掘了一辈子也不知道疲倦……如果我是倒影，那么他们就是湖水和树林；如果我是树林，那么他们就是湖水和倒影；如果我是湖水，那么他们就是日夜陪伴我并使我美丽的元素。

不忘祖国，不忘故乡，不忘前贤，不忘亲情，不忘爱情，不忘友情，不忘师生之情……一切给过我生命以各种各样滋养的人们都是我的上帝，我对他们永远怀着感恩之情。但这不是人生的全部。

人要稳稳地站在大地上，难道是简单的吗？我经常想到古人用来煮食品所用的“鼎”。鼎有三足，所以才稳稳地站在大地上面。人生是不是也像“鼎”那样有“三足”呢？我写过一篇题为《祖母·小溪·山路》的散文。记得我在那篇散文里回忆我每一次返回故乡的共同经历：我在回到故乡之后，总要先到祖母坟前鞠躬，献上一把鲜花，或者按照故乡的风俗，给祖母磕头；然后就是在家门口的小溪旁徘徊，回忆童年时在小溪旁度过的愉快时光；然后就要跟我小时候一起上山挑柴的伙伴，游我们走过无数次的弯弯柴路。每次回家所做的事都有很大不同，唯有上面所说的这三件事是每次必做的。这是为什么？我在散文的结尾写道：“我终于体悟到，祖母、小溪和山路是童年对我的三大馈赠。祖母象征着爱心、亲情、善良、忠诚、宽厚、人性、人道……小溪象征着美感、艺术、自由、欢乐、享受、闲适、超脱……山路则象征着劳动、追求、勇气、决心、毅力、苦练、冒险、攀登……童年的三种馈赠构成了三组象征，犹如鼎之三足，这就是我的生命之鼎。有了鼎之三足，我才得以牢牢地站立在大地上。”我不敢吹牛我多么了不起，但我敢说，我心地善良，我热爱艺术，我喜欢不倦地劳动。

爱心、艺术和劳动是我的生命之鼎，是我能够幸运地走完和将要走完人生之路的保证。但这不是人生的全部。

人开始的时候总要模仿别人。没有一个人不是从模仿开始的。模仿不是可耻的事情。但是随着年龄的增长，随着学习的深入，你总要发出自己的声音，让人生开出别样的花朵。牡丹花，国色天香，她开放时的美丽往往令观者人头攒动。可如果你只是一朵如米大小的苔花，根本没有人关注你，难道你就不能以自己独特的方式静静地开放吗？你的生命与牡丹花是一样的，你也有别样的美丽。我又编了“萤火虫和电灯”的故事：农村的夏夜，在一条小路旁，原是没有装电灯的。那时候，人们在夜间走过这条路，常常感到困难。幸亏有那么多如繁星的萤火虫不停闪烁的光，照亮了小路，使人们得以走过这段难走的路，人们感谢萤火虫。后来，人们在这里装了电灯，小路被照亮了，人们在夜间经过这条路不再困难，而萤火虫的光，被电灯的光所掩盖。人们感谢电灯。有一天晚上，萤火虫和电灯发生了争吵。电灯说：你萤火虫就不必再闪烁了吧！我的光是如此明亮，人们怎么会再需要你呢？萤火虫反驳说：你的光不是自己的，假如电厂不供应电的话，你就要消失，那时人们将重新需要我的光。尽管我的光是如此微弱，但我说自己的话，我发我自己的光。电灯正要批驳，突然电厂出了故障，停电了。电灯灭了，可小路上仍然有亮光，人们发现那是无数萤火虫闪烁的光。我长期教书，我追求自己的一些教法。我研究，我竭尽全力提出一些想法。这些都属于我自己。尽管我的声音是那么微弱，但我庆幸这里有我自己发出的光。

不论我们做任何工作，我们都要说自己的话，发自己的光，不怕那话分量不够，不怕那光微弱暗淡，怕的是没有属于你自己的话和光。但这不是人生的全部。

人的天赋的确有差异，但差异并不大。大多数人的天赋属于中等，非绝顶聪明，也非愚顽不敏。我自己也是如此。天赋不可信，我更相信专注与用心。人只要不受外界的影响，走自己的路，就能到达终点。有这样一个故事：一群青蛙要爬一个高塔。他们争先恐后往上爬。过路的人看见这群青蛙的愚蠢行为，就大声喊起来：哎，塔这样高，你们是爬不上去的。于是有一些青蛙停止了爬塔，退下来了。可还有青蛙继续往上爬。人们又叫喊起来：哎，你们是绝对爬不上去的，赶快下来吧。于是又有一些青蛙退了下来。经过人们几次喊叫后，其他的青蛙都退下来了，只有一只青蛙继续往上爬。不管人们怎样喊，那只青蛙都不听。最后这只青蛙终于爬上了塔顶。待这只青蛙从塔顶下来后，人们问他：你凭什么精神爬到塔顶？青蛙摇摇头。原来这是一只耳朵全聋的青蛙，他根本没有听见人们的喊声，丝毫没有受到别人的干扰，他只是凭着自己的专注和毅力才爬上塔顶的。我的一生常常不能由我自己选择，但有几次机会是勉强留给我选择的空间：1963 年我选择了读书和研究，没有去做行政干部；1966 年 8 月“文革”初期，我被摘去了“反革命”帽子之后，没有上“井冈山”公社，当起了“逍遥派”；1975 年我坚决辞去学校“大批判”组长的职务，回中文系当一位普通教师；1989 年 1 月，我辞去了似乎前途“看好”的北师大研究生院副院长职务，回教研室整顿文艺学的教学和科研队伍。多少人来劝我，向我喊话，可我没有听见，我是那只聋青蛙。

确定自己的目标，做自己想做的事，专心致志，长期积累，不动摇，不气馁，也许你就会接近你的目标。但这不是人生的全部。

人都觉得自己的选择是最好的，事实不是这样。每个人有每个人的经验，有不同的性格，不同的志趣，不同的目标，要学会尊重不同的人不同的选择。我曾编过这样一个故事——“小溪和石头的对话”。小溪旁有一块巨大的石头。巨石千百年来岿然不动，永远站在那里。无论刮风下雨，无论水涨水落，它总是蹲在这里，用冷眼观看着世界的变迁。小溪则流动不止，无论日升日落，无论白天黑夜，用它的哗哗的流水和浪花唱着歌。水主动，石主静。水流的理想是奔腾向前，石的理想是坚定不移。没有理由贬责石头而独尊小溪，也没有理由独尊石头而贬责水流。每个人的健康的选择，都有可贵之处。我们一生都要学会尊重别人，尽管别人

2005 年与作家王蒙对谈

与你那样不同。

我身上缺点不少，一辈子做过许多错事，但值得庆幸的是，我尊重我周围的每一个有不同性格和毛病的人。谁没有缺点和毛病，你，我，他，都有这样那样的缺点和毛病。我们难道不应该彼此容忍和原谅吗？但这不是人生的全部。

人的一生都在寻找幸福，但幸福在哪里？金钱吗？金钱不一定会给你带来幸福。权力吗？权力不一定会给你带来幸福。妻儿吗？妻儿不一定会给你带来幸福。幸福如同穿鞋，你穿了一双鞋，却不觉得那鞋的存在。鞋没有引起你自己的注意，也没有引起别人的欣赏与议论。那种感觉就是幸福。鞋太长了不好，鞋太短了也不好。幸福是穿一双合脚鞋时的那种感觉。

幸福在于你寻找到适合你的位置。在这个位置上，你不觉得勉强，不觉得不安，不觉得为难，不觉得尴尬。生活像天空蓝得那样自然，像小草绿得那样平淡。“行到水穷处，坐看云起时。”我特别欣赏王维这两句诗，那种自然而然，随遇而安，可又总能发现美的境界，可能是人生的极境了。但这也不是人生的全部。

人生的全部在你感性与理性全部展开的过程中。你能忍受贫苦，你也能享受富有。没有体会过贫苦的人生不是真正的人生。你能够哭泣，也能够欢笑，不曾哭泣的人不能体会真正的人生。你尝过挫折和失败的痛苦，也有过成功的喜悦，没有尝过挫折和失败的人也不能领略真正的人生。你能够在黑夜中坚守，也能在阳光下劳动，没有尝过黑夜中坚守的人也不能领略真正的人生。你能欣赏春天的美景，也能忍受冬天的严寒，没有经过严冬的人不能体会真正的人生。你有清醒的理智，也有丰富的感情，没有理智的人生不是真正的人生。啊，人生的全部就是你是否尝遍了生活的甜、酸、苦、辣，是否经历了风、霜、雨、雪，是否体验了阴、晴、圆、缺！

（2005 年 8 月 30 日）

附录

高中语文必修课程设计思路与框架[①]

一、指导思想

1. 以“语文素养”为核心理念

根据《普通高中语文课程标准》(实验)的基本理念，编写教材要牢牢掌握住“语文素养”这一核心。新中国成立以来在语文教材编写的理念上，大体上经历了“政治工具”论和“语文工具”论两个阶段，这两种“工具”论的提出都有其历史文化背景，也起过某种正面的作用，但其流弊已经为许多有识之士所指出。这次“课标”提出高中语文课程要“使全体学生获得应该具备的语文素养”，实际上是在总结半个世纪语文教学和借鉴外国母语教学经验的基础上，根据当前我们的时代需要，提出了“语文素养”论，这是对“政治工具”论和“语文工具”论的一次超越。“语文素养”具有丰富的内涵。语文应用能力、审美能力、探究能力、良好的思想道德素养、人文精神、爱国主义、民族精神、人生态度、现代意识和科学文化素质等等，都是“语文素养”的题中应有之义。语文素养是多样的综合，人的全面发展、多种育人的要求应该体现在语文素养中。语文的天地有多丰富，语文素养也就有多丰富。语文文字也好，语言文学

---

① 2003年，童庆炳先生主编了一套普通高中课程标准实验教科书《高中语文》。此文稿由童庆炳先生主笔，经编写组成员反复讨论，完成于2003年6月初，此为第六稿。2005年，《高中语文》必修课经全国中小学教材审定委员会初审通过，并得到较高评价。然而，因非学术的各种原因，该套教材未能顺利通过终审。2010年，经“整改”最终出版试用时，该教材已面目全非，大大有违原先的编写理念和设计框架，童庆炳先生为之抱憾终生。为完整地呈现童庆炳先生语文教材改革的新思维，特将此文稿附录于此。

也好，语言文章也好，都不是简单的没有内容没有灵魂的符号空壳，它是一种文化，是文化的重要的组成部分。汉语是中华民族博大精深的文化中最有生命力的部分。本教材立足于培养学生的“语文素养”这一核心理念，并以此理念作为编写教材的指导思想。

2．以“知识与能力”“过程与方法”和“情感态度和价值观”为实现途径

为了实现培养学生所应该具备的“语文素养”这一根本目的，需要有实现的途径，这途径就是“课标”指出的“知识与能力”“过程与方法”和“情感态度和价值观”。这三个维度将开辟语文教学的新的辽阔空间。没有这辽阔的空间，培养学生的“语文素养”将成为一句空话。“知识与能力”是指可以在现实生活中运用的知识和能力，不是过去那种繁琐的、割裂的、机械的专为应付考试的所谓“知识”和“能力”，也不是单在岸上讲游泳动作的空道理，它应该是与实践密切联系的知识和能力。“过程与方法”也十分重要。过去的语文教学往往是重结果轻过程，重教法轻学法，这样就使学生失去了对语文课程的浓厚兴趣，也阻碍了学生的自主学习和探究精神，束缚了学生的个性发展。语文教学必须是学生、教师、教科书编写者、文本之间多重对话交流的过程，是一个充满活动的过程。坚持四个主体性（文本作者的主体性、教师教学的主体性、教材编者的主体性和学生的学习主体性）交融互动的原则，变革学习方式和评价方式，成为重要的一环。“活动”的概念必须成为语文教学的基本概念之一。只有在“活动”中而不是在教师的静态的“讲解”中，学生学习的积极性、主动性和探究性才能调动起来；教师教学的主动精神、钻研精神、教学相长精神才能得到发扬。“情感态度和价值观”，因为语文教学所面对的文本大部分是优秀的文学作品，所以作品中就有情感和价值观，语文教学再也不能置作品中的这些情感和价值观于不顾，而只醉心于字词句篇章结构的分析和练习，字词句篇章结构的内容是需要的，但情感态度和价值观的渗透更是不可缺少的。通过教学，必须使学生学会关心人，尊重人，理解人，宽容人，以平等态度待人，有

是非感、正义感、责任感、合作精神和负责精神等。本教材在编写过程中，在内容与结构、呈现方式等方面，将充分重视“知识与能力”“过程与方法”与“情感态度和价值观”这三个维度及其联系，给高中语文教学提供广阔的空间。

3．以“工具性和人文性的统一”为原则

“课标”规定，“工具性和人文性的统一，是语文课程的基本特点”，对此，我们要有充分的认识。语言是交际工具，同时又是人类文化的组成部分。因此，既要培养学生较强的语文应用能力，又要培养学生一定的审美能力、探究能力，使学生具备高水平的语文素质。语言文字作为交际工具是学生应该牢牢掌握的，同时，语文作为“工具”也是有人文内容的，人文作为精神是以语言作为载体的。两者密不可分。本教材通过选择“文质兼美”的篇章为课文，通过呈现方式的活泼和多样，充分挖掘“文”的美感和“质”的深度。

4．重在培养学生五个方面的能力

为了培养学生的“语文素养”，根据“课标”的要求，通过课文的阅读与欣赏、表达与交流，使学生应在“积累、整合”“感受、鉴赏”“思考、领悟”“应用、开拓”“发现、创新”五个方面获得发展。本教材资源的选择和运用，要充分落实上述发展学生能力的要求。

5．阅读与表达的有机统一

按照“课标”的设计，必修课程的模块中分成“阅读与欣赏”与“表达与交流”两部分，我们在编写教材中将以创造性的精神认真落实“阅读与欣赏”的12点要求和“表达与交流”的9点要求。“阅读与欣赏”是一个吸收过程，是一个“学”的过程，表达交流是一个倾吐的过程，是一个“用”的过程，因此这两者的关系十分密切。本教材的编写运用多种途径使“阅读与欣赏”与“表达与交流”之间紧密相连，前者是后者的依据，后者为前者的自然的合理的延伸，但两者又不是机械的对应，而是有机的统一。要充分认识到每一篇课文的多样功能，发挥其综合效应。教材将采取有力措施实现阅读与欣赏、表达与交流的整体推进。

在上述理念和课标要求的基础上，编写出具有“时代性、基础性和选择性”的面貌一新的高中语文教材。

二、教材特色

1．在贯彻人文性和工具性统一的前提下突出教材的文学色彩

本教材编者认为，“五四”时期提出的“文学的国语，国语的文学”（胡适），这个看法至今仍然是有道理的。中国语文必须建立在中国文学的基础上，以文学带动语文教学目标的实现，以文学带动语文能力的全面提高。一切最美好的感情在文学作品中，一切最生动、活泼、简洁和优美的语言也在文学作品中。并且，只有在文学作品的阅读和欣赏中，表达与交流中，才能激发学生对汉语的热爱。当然，我们所理解的文学不是狭义的纯文学，而是“大文学”，所以除大量的诗歌小说散文之外，文笔优美的史传文、哲理文、科学小品等也理所当然地包含在本教材之内，这也为学生语文应用能力的培养开拓了更加广阔的空间。

2．阅读欣赏与表达交流的有机融合

以往的教材无论是读写合编型还是读写分编型，均存在着不同程度的弊端，致使语文教学陷入尴尬的境地。本教材强调阅读欣赏与表达交流的有机融合。这种融合旨在强化学生对课文的阅读与欣赏，并激发学生内在的自我表达欲望，加强他们的感受力和想象力。因此，写作首先意味着与课文内涵的相结合，注重学生对课文内涵的深入体悟，在此基础上体现出写作的人文性。如教材第一模块第三单元中，在精读课文《归去来兮辞》下面设计的作文题目是:《陶渊明回家三天以后》。学生面对这一题目，必须再回过头来对这篇课文做进一步的深入解读，甚至还须寻找相关的诗文，才能准确把握并完成这个作文题目。这样，写作与阅读就形成了互动的关系，两者相互促进，血肉相连。而不是像以往那样，教什么体裁写什么体裁，做表面上的机械的模仿。另外，在“表达与交流”方面，不编写系统的说明性写作和交流教材，而采用作家和学者谈创作经验的生动活泼的短文来启发学生，使其感悟书面写作和口语交流的奥秘所在。

3．发现新经典

在尊重传统经典篇目的同时，推出新篇目，力图发现新的经典，突出选文的时代性。故本教材以新的立场和眼光来遴选课文，淘汰过时陈旧之作，增加富有时代气息、人文精神和诗意浓郁的佳作。这些作品本身又能充分体现民族语言特有的美质，并成为滋养一个民族精神发展生长的养料，如：柳宗元的《天说》、杜甫的《船下夔州郭宿雨湿不得上岸别王十二判官》、梁启超的《科学精神与东西文化》，鲁迅的《论睁了眼看》、汪曾祺的《金岳霖先生》、老舍的《断魂枪》、杰克·伦敦的《热爱生命》、卡尔维诺的《马科瓦尔多逛超级市场》等。这些作品在目前所选篇章中约占三分之一。

4．古今对话

在"阅读与欣赏"的精读部分之后特辟"学者视角"一栏，选取相应的点评、解读短文（或文章的片断），以引导学生进入鉴赏的特定语境之中。这种"学者视角"下的短文须是既反映当代学术界最新研究成果，又深入浅出、通俗易懂的佳作，能体现出用当代眼光来解读以往的作品、从以往作品中发现当代精神和价值的趋向，从而实现古今对话，让过去的作品获得新的生命。这些短文中也包括对课文不同观点的介绍，以使作品的多义性、丰富性充分显示出来，并向学生和教师开放，使教本变成读本。

5．教材使用上的灵活性

本教材大体上按历史线索编写，使学生既能阅读和欣赏到各个时期文质兼美的佳作名篇，又能大致获得诗文历史发展线索的印象。在教材的具体使用中，各学校可根据学生的情况灵活安排教学。如学生程度较高的学校可按照现在的顺序组织教学，学生程度中等的学校可先现当代诗文、后古代诗文来安排教学，学生程度较差的学校可由今到古，以上溯的方式组织教学，此外，学校也可以由教师自主选择，将现、当代和古代诗文按单元搭配组织教学。总之，本教材在使用上提倡灵活多样，反对机械划一。

三、教材结构

按照历史的线索，从古到今划分为五个模块，具体内容为：

语文 1：先秦两汉魏晋部分；

语文 2：唐宋部分；

语文 3：元明清与近代部分；

语文 4：现代部分；

语文 5：当代部分。

说明：其中外国部分和文化短论合并到语文 4 与语文 5 两个模块中。每个模块根据具体情况先按文体划分出 5 个单元。其中现、当代部分为 6 个单元（各增添外国文学 1 个单元）。在总量上古代诗文与现代诗文各占一半。每个单元包括如下内容：

（一）阅读与欣赏

1. 单元称谓

每个单元前设计一个与单元内容相关的主题，如诗经楚辞单元可称之为“先民的歌吟”，唐诗单元可称之为“走进唐诗世界”。

2. 单元导语

每个单元都设计一个导语，以简洁明快的语言对本单元的主要内容作简要介绍，并对本单元的学习所要达到的目标做出说明与规定。

3. 每篇课文前设计一段“课文导语”

用散文、随笔体，旨在创设一种对话与交流的情境，唤起阅读期待。

4. 精读课文（2 篇）

5. 学者视角

2 ～ 3 篇（段）。为了实现以今论古，选取“五四”以来术业有专攻的专家学者对课文的深入浅出的评析文章，可以是短文或评析文字的片断，解读、分析本单元的精读作品，并让学生在专家学者的评析中直接感悟诗文之美、之妙，并激发学生自主的解读期待。

6. 阅读提示

第一点提示应是作者简介和作品的社会历史文化背景介绍。其他提示点则应从作品实际出发，抓住作品中的亮点、动情点、关键点、转折点以及具有时代意义的方面巧妙提出问题，引导学生进入作品的世界。提示中还可以有体裁知识、表现手法的生动介绍以及语文工具书使用的简要知识。

7. 练习

练习的设计要求：应全面考虑到阅读与欣赏、表达与交流的平衡；注意培养学生的知识、审美和探究等能力；有利于开展有意义有趣味的各种语文实践活动，让学生既动脑又动口；同时还要求设计别致新颖，贴近学生的生活，等等。

8. 泛读课文

2 ～ 3 篇。选取与精读课文文体相同、题材相似的作品。古文有详细注释。文后有“阅读建议”。

（二）表达与交流

1. 写作：提出写作的主题词

（1）导入。从精读课文的阅读与欣赏自然引入到写作，提醒学生如何将课文与写作自然联系起来。

（2）启迪。一篇 500 ～ 1000 字的大学者大作家的带有启发性的有趣短文，可以是名家谈写作，也可以是作家创作谈，还可以是写作小故事等，使学生不但从中受到启发与感悟，而且能激发其写作的愿望与兴趣，让学生感到有话要说，有情要抒，有理要讲。

（3）训练。提出训练的过程与具体要求。

2. 口语：提出口语练习的主题词

（1）导入。从课文的阅读与欣赏自然引到口语训练。

（2）训练。提出训练过程、方法与要求。

表达与交流，根据“课标”要求重点考虑四个方面的训练目标：（1）题材：通过观察、感受和体验，让感情真起来；（2）主题：通过深入的探究，让思想新起来;（3）布局：通过精心的考虑，让结构巧起来;（4）表达：通过反复的练习，让语言亮起来。

四、选文总原则

根据“课标”要求，提出以下选文原则：

1. 时代精神原则

体现时代精神，如：生命意识、生态意识、民主精神、宽容精神、合作精神、开放意识、开拓创新精神、独立思考精神等。特别要强调人与自然、人与社会、人与国家的关系。在选文的时候，以此新的眼光，淘汰陈旧作品，发现新的佳作和经典。与旧教材相比，新选的篇章应占二分之一以上，使整个教材面貌一新。

2. 文学与审美原则

对于文学作品，一定选择“文质兼美”的第一流作品，其中包括古典的、现代的和少量后现代的作品，以利培养学生的民族精神、现代意识及审美趣味。对于非文学作品，则要选择有思想深度、有开拓性、启发性的，文字准确鲜明生动、逻辑严密的文章，以利培养学生的探究能力，同时也选一些具有应用性质的文章，加强学生语言应用能力的培养。

3. 适应对象特点原则

选文要充分考虑到学生的兴趣、爱好和需要，尽可能贴近他们的生活，并做到深浅适度，适合学生水平，使学生愿意读、喜欢读、自觉读。

4. 特约稿原则

请学有专长的当代名家撰写部分在选编中缺乏的专稿，特别是适合学生特点的深入浅出的学者评析文章。

五、呈现方式总原则

根据“课标”精神，在阅读和欣赏部分，编写“课文导语”“学者视角”“阅读提示”“练习”等部分，在表达与交流部分则设计“导入”“启迪”“训练”等部分，其目的就是让“阅读”和“表达”以独特的方式呈现在教师和学生的面前，因此必须注重体现教材编写的指导思想和特色，采用多种灵活的富有新鲜感的方式，认真编制。特别要注意以下几点。

1．要引导对话

引导学生、教师和文本作者这三个主体进行对话，改变过去那种教师主讲、学生主听的枯燥局面。

2．要注重体验

运用有效的方式，引导学生和教师走进作品五彩斑斓和情真意切的世界中去，去体验，去感受，去欣赏，去品味，去探究。

3．要有开放性

古代的作品要以现代的眼光去审视，不要把古典当成死的古董，实现古典向现代开放。对同一篇作品提倡有不同的解读，不要定于一尊，实现作品向具有不同“预成图式”的读者开放。

4．要有启发性

编写阅读提示和练习，不要过分琐碎，要从文本的关键出发，提出一些具有启发性的问题、设计一些有趣味的练习。

5．要有探究性

探究要有一个过程，不可能短时间完成。例如可以在第一单元提出探究的问题，经过若干时间，在第四或第五单元完成。

六、五个模块的内容及体系结构

说明：模块一中第一单元与第二单元为设计出来的完整的目录内容，后面的单元“阅读与欣赏”部分只呈现课文篇目与学者视角文章的题目，其中未加符号者为精读课文，加▲者为“学者视角”文章，加★者为泛读课文。“表达与交流”部分呈现写作与口语的启迪性短文（短文有名家谈写作、写作小故事和背景材料等类型）和主要训练内容。

模块一

第一单元　先民的歌咏

单元导语

一、阅读与欣赏

（一）精读课文

第一课　《诗经》三首

课文导语

正文:《卫风·伯兮》

《小雅·采薇》

《小雅·北山》

文本注释

学者视角：骆玉明:《焦虑而骄傲的等待》

陈文忠:《战士的家园之思》

夏传才:《统治者的嘴脸》

阅读提示

练习

第二课　《楚辞·九章·涉江》

课文导语

正文

文本注释

学者视角：林家骊:《宁甘愁苦以终身，终不变心以从俗》

阅读提示

练习

（二）泛读课文

第一课　汉诗四首

正文:《行行重行行》

《西北有高楼》

《东城高且长》

《步出城东门》

文本注释

阅读建议

第二课 《汉乐府歌·孔雀东南飞》

正文

文本注释

阅读建议

二、表达与交流

（一）口语：诵读远古诗歌

1. 导入：中国古代的国立音乐机构教育国家子弟，采用“讽诵言语”的办法，注家说:“倍文曰讽。”“文”当然是指文学作品，倍即背，诵即朗读。讽如小儿背书，诵则使有抑扬顿挫，以声音增加吟咏的音乐性，可见背诵是很古老的传统教学。所谓“诵读”，其实也不仅是记忆，而且有理解，在抑扬顿挫中理解古诗文和古代文化的精神。一句“燕赵多慷慨悲歌之士”，换几口气、变几个调，便可念得惊心动魄。

2. 训练：今音已远不同于古音，从远古到当代，语音已经发生很大的变化，人们无法按古音来对远古诗歌进行吟诵。考虑到推广的需要，不可能要求大家都像从前那样“诵”，最好的方法还是采用播音员字正腔圆的办法。请反复诵读本单元的数首诗，从《诗经》四言声律的一唱三叹和楚辞句末的“兮”字，感受其中的情感和意蕴，感受先民思想和精神的韵律。

（二）写作：抒情与写景

1. 导入：在写作中，抒情往往是通过景物来表现的。景物是有形的，实在的，而我们的情思往往是无形的，虚的，难以描写和表现的，所以我们常常采用化情思为景物、“借景抒情”的方式。借景抒情的方式主要有两种。第一种是情与景相契相合，比如大家熟悉的《天净沙·秋思》，表现行人情思，诗人主要描摹的是景物和意境，“枯藤老树昏鸦，小桥流水人家，古道西风瘦马，夕阳西下”，仅用一句“断肠人在天涯”，来做点睛之笔。这样，“情”“景”相契相合，情景交融，所以意境动人，透过意境情感深入人心。借景抒情的方式还有第二种，如本课的《采薇》。虽然也是借外景来抒情，却是另一种“情”与“景”相反相成的风致。

2. 启迪：

名家谈写作：王夫之《姜斋诗话》赞《小雅·采薇》（略）

《采薇》最后一节“以乐景写哀，以哀景写乐”，所以“一倍增其哀乐”，将真挚的情思写到极致。请你细心揣摩这后一种“情”与“景”的相反相成的写法，比较它与前一种相契相合的手法的异同和微妙。

3. 训练：区别情景“相契相合”和“相反相成”两种写法，从中选择一种，根据自己生活中对时间的体验，以“等待”为题，写一篇600字的小片断。

第二单元　竹帛故事

单元导语

一、阅读与欣赏

（一）精读课文

第一课　烛之武退秦师（《左传》）

课文导语

正文

文本注释

学者视角：朱宏达:《烛之武退秦师》鉴赏

阅读提示

练习

第二课　四面楚歌（《史记·项羽本纪》节选）

课文导语

正文

文本注释

学者视角：李长之:《史记的建筑结构与韵律》(节选)

阅读提示

练习

（二）泛读课文

第一课　先从隗始（《战国策·燕策一》）

正文

文本注释

阅读建议

第二课　李将军列传（《史记》）

正文

文本注释

阅读建议

二、表达与交流

（一）写作：叙述一次说服他人的经历

1. 导入:《烛之武退秦师》一文，描绘了一个杰出外交家的形象，特别是他所表现出来的无与伦比的说服才能，给人留下深刻的印象。请结合现代对说服艺术的有关研究，深入体会烛之武的说服艺术。

2. 写作训练：你在生活中一定有过说服了别人的情形，请你写出你的这一经历（1000字）。

（二）口语：举办小型辩论会

1. 导入：项羽因无脸见江东父老而不肯过江，遂自刎而死，结束了自己悲壮的一生。《史记·项羽本纪》通过对项羽不渡乌江和最后的乌江自刎的描写，鲜明地表现了项羽威武神勇、激越壮烈的特点。评论家对《史记》的这一描写的意义做了很高的评价。

2. 启迪：

背景材料：赖汉屏："项羽之死"（略）

3. 训练：对项羽拒渡乌江、自刎而死之事，后人有不同的理解和评价。设计小型辩论会，论题：项羽应自刎而死还是重回江东积蓄力量以图再起？

第三单元　文学的自觉

单元导语

一、阅读与欣赏

李密:《陈情表》

▲郭预衡：李密的《陈情表》

陶渊明:《归去来兮辞》

▲叶嘉莹:《汉魏六朝诗讲录》中有关章节

★丘迟:《与陈伯之书》

★庾信:《小园赋》

二、表达与交流

（一）口语：即席发言

训练：请仔细思考这一问题，在教师安排的讨论中即席发言，表达自己的看法。

（二）写作：想象作文

写作材料：陶渊明田园诗歌5首，五柳先生传（略）

训练："陶渊明归家三天之后"。叙述文一篇，长短皆可。

第四单元　思想的天空

单元导语

一、阅读与欣赏

《齐桓晋文之事》(《孟子·梁惠王上》)

▲卢元对该文的赏析

《北冥有鱼》(《庄子·逍遥游》节选)

▲崔大华:《庄子的寓言》

★《论语二则》

★《孙子·谋攻》

二、表达与交流

(一)写作:课本剧

写作材料:谭家健:略谈孟子散文的艺术特征(略)

训练:齐桓晋文之事是对话体的文章。孟子语言明白晓畅，干净利落，极富感染力，不过就对话体而言,《孟子》文章中这种问答体只限于一对客主的对话，因此还稍嫌呆板。请将“齐桓晋文之事”改编成一幕短剧。要求：尽可能保留原著的风格，又要更集中地展现戏剧冲突，舞台人物语言要富有行动性。

(二)表演:分别扮演孟子、齐桓公等角色，尝试演出课本剧《齐桓晋文之事》

第五单元　士林与民间

单元导语

一、阅读与欣赏

刘义庆:《世说新语》八则

《嵇中散奏广陵散》

《东床坦腹》

《张翰思吴中鲈脍》

《刘伶病酒》

《猿肠寸断》

《阮籍当葬母》

《王子猷居山阴》

《简文入华林园》

▲宗白华:《论世说新语与晋人的美》

嵇康:《与山巨源绝交书》

▲龙晦:《志高而文伟的绝交书》

★《颜氏家训》二则

★ 志怪小说两篇:《刘阮入天台》

《白水素女》

二、表达与交流

（一）口语：讨论

训练：试联系《猿肠寸断》，以“珍爱生灵，善待动物”为题，讨论在当代世界该如何对待动物的生命，如何加强环境保护意识。

（二）写作：抓住特征写人

写作小故事：鲁迅写柔石的“迂”（略）

训练：在你的生活中，必定有人（如父母、师友、同学，等等）的神情意态和风度举止让你感动。请细心揣摩鲁迅写人叙事的文字，用心体会，也写一篇叙事写人的小片断，300 ～ 500 字皆可。

模块二

第一单元　盛世歌吟

单元导语

一、阅读与欣赏

李白诗二首

《蜀道难》

《将进酒》

▲王运熙:《李白〈蜀道难〉赏析》

▲杨明:《奔放跌宕，一气回旋——说李白〈将进酒〉诗》

杜甫诗四首

《登高》

《蜀相》

《旅夜抒怀》

《船下夔州郭宿雨湿不得上岸别王十二判官》

▲马茂元:《思飘云物动，律中惊鬼神》

★古体诗三首

张若虚:《春江花月夜》

岑参:《走马川行奉送出师西征》

白居易:《琵琶行》

★近体诗五首

王维:《山居秋暝》

李贺:《金铜仙人辞汉歌》

李商隐:《锦瑟》

黄庭坚:《寄黄几复》

陆游:《书愤》

二、表达与交流

（一）口语：讨论诗中精彩词句的运用

附：叶燮论“晨钟云外湿”句（《原诗》内篇下节选）

（二）写作：“用字”“遣词”和“炼句”

名家谈写作：巴乌斯托夫斯基论诗歌语言对散文写作的启示

训练：试将《船下夔州郭宿雨湿不得上岸别王十二判官》改写成一篇散文，并注意体会杜甫的心理活动和诗中精彩词句的运用。

第二单元　豪放与婉约的交响

单元导语

一、阅读与欣赏

李煜与李清照词四首：

《虞美人》（春花秋月何时了）

《浪淘沙令》（帘外雨潺潺）

《如梦令》（昨夜雨疏风骤）

《声声慢》（寻寻觅觅）

▲叶嘉莹：《读李煜〈虞美人〉》

▲徐培均：《凄楚幽咽 心声心画——李清照〈声声慢〉试析》

苏轼与辛弃疾词四首：

《念奴娇》（大江东去）

《江城子》（十年生死两茫茫）

《永遇乐》（千古江山）

《菩萨蛮》（郁孤台下清江水）

▲臧克家：《爱读东坡“记梦”词》

▲何满子：《怀古词的千古绝唱——说苏轼念奴娇·〈赤壁怀古〉》

▲马群：《析〈永遇乐〉》

▲邓小军:《析〈菩萨蛮〉》

★长调三首

柳永:《雨霖铃》(寒蝉凄切)

张孝祥:《念奴娇》(洞庭青草)

姜夔:《扬州慢》(淮左名都)

★小令五首

欧阳修:《蝶恋花》(庭院深深深几许)

晏几道:《临江仙》(梦后楼台高锁)

秦观:《鹊桥仙》(纤云弄巧)

贺铸:《青玉案》(凌波不过横塘路)

陆游:《卜算子》(驿外断桥边)

(附:毛泽东和陆游《卜算子·咏梅》)

二、表达与交流

(一)写作:写作需要有距离

作家创作谈:列夫·托尔斯泰谈“再度体验”

训练:在你的记忆中,一定有让你刻骨铭心难以忘怀的人、事或情感,请尝试写一写。

(二)口语:古诗词朗诵

附:《吹剑录》论苏轼与柳永词

第三单元　唐宋文章(一)

单元导语

一、阅读与欣赏

王勃:《滕王阁序》

▲宁宗一:《王勃〈滕王阁序〉赏析》

苏轼:《前赤壁赋》

▲吴小如:《读苏轼〈赤壁赋〉》

★韩愈:《祭十二郎文》

★唐宋小品二则

柳宗元:《游黄溪记》

欧阳修:《养鱼记》

二、表达与交流

（一）写作：由景入情，由情入理

名家谈写作：普里什文：人类的镜子

训练：自然是人类感情和真理的一面镜子。请重新体验你曾经历过的灵魂与自然的一次对话，真切地传达出你的感动和觉悟，并努力让你的散文景、情、理交融。

（二）口语：即兴致辞

训练:《滕王阁序》既是一篇美文，也是一篇精彩的即兴致辞。请你根据亲身经历或者设想一个具体情境，按上述要求撰写一篇致辞。

第四单元　唐宋文章（二）

单元导语

一、阅读与欣赏

韩愈:《进学解》

▲周振甫:《韩愈〈进学解〉赏析》

柳宗元:《天说》

▲拟请柳宗元研究专家孙昌武先生撰写评析文章

★欧阳修:《与高司谏书》

★短论二则

王安石:《知人》

苏轼:《稼说》

二、表达与交流

（一）写作

作家谈写作：韩愈：穷而后工

训练：你正在步入成年，你的道德感正在增强，你的良心经常在深夜无法入睡，你的善意有时会不被人理解，你的委屈有时会无处倾诉……请你拿起笔，为自己、他人和社会的“不平”痛快地“鸣”一次。建议用议论文体。

（二）口语：谈谈“天人合一”思想的现代意义

训练：柳宗元在《天说》中包含着朴素的生态意识。请结合当前人类面临的诸多生态问题，谈谈这一思想的现实意义。要求有观点、有事实、有分析。

第五单元　传奇与话本：奇特有趣的大千世界

单元导语

一、阅读与欣赏

元稹:《莺莺传》

▲宁宗一:《性格就是命运——读〈莺莺传〉中的崔莺莺》

《错斩崔宁》

▲周先慎:《出色的叙事艺术——〈错斩崔宁〉鉴赏》

★杜光庭:《虬髯客传》

★白行简:《李娃传》

二、表达与交流

（一）口语：讲故事

（二）写作：写一个好故事（有意义、有趣味）

名家谈写作：巴乌斯托夫斯基谈如何讲好故事

模块三

第一单元　心灵的吟唱

单元导语

一、阅读与欣赏

关汉卿与马致远散曲四首

《大德歌·四季》

《四块玉·别情》

《夜行船·秋思》

《寿阳曲·萧湘夜雨》

▲王学奇:《关汉卿〈大德歌〉(四季)赏析》

▲曾远闻:《放逸宏丽 一时绝唱——谈马致远散套〈夜行船·秋思〉》

王实甫:《西厢记·长亭送别》

▲高建中:《〈西厢记·长亭送别〉浅析》

★汤显祖:《牡丹亭·惊梦》

★孔尚任:《桃花扇·访翠》

二、表达与交流

（一）写作：改写

名家谈写作：李渔论“代一人立言”“代一人立心”（略）

训练：请您代崔莺莺或张生“立言”“立心”，将《西厢记·长亭送别》改写为一篇千字左右的抒情散文。

（二）口语：比较阅读

训练：回忆并列举唐诗、宋词中关于“相思”的名句和名篇，并将它们与关汉卿、马致远的散曲进行比较阅读，谈谈自己的阅读体会以及喜欢它们的原因。

第二单元　故事时代（一）

单元导语

一、阅读与欣赏

施耐庵:《水浒传·林教头风雪山神庙》(金圣叹评点)

▲汪远平:《“风雪”传神韵,“火光”寓情致——〈林教头风雪山神庙〉片段》

曹雪芹:《红楼梦·刘姥姥一进荣国府》

▲周振甫:《刘姥姥》(包括副篇《伏线千里》)

★罗贯中:《三国演义·赤壁之战》

★刘鹗:《老残游记·明湖居听书》

二、表达与交流

(一)写作:语言的奇特化

名家谈写作:什克洛夫斯基论语言的奇特化(略)

训练:通过人物的眼睛描写一个事物,要求将描写有机融入人物的思绪、情感和行动中,仿佛他第一次见到这事物。

(二)口语:写作技法讨论

写作小故事:英国当代小说家威廉·戈尔丁《继承人》中的一段文字(略)

训练:课文《红楼梦·刘姥姥一进荣国府》中,有一段文字与这段文字有异曲同工之妙,请把它找出来,分析其中的写作技巧和意义所在。

第三单元　故事时代（二）

单元导语

一、阅读与欣赏

冯梦龙:《杜十娘怒沉百宝箱》

▲周先慎:《在“情”与“礼”的冲突中刻画人物——〈杜十娘怒沉百宝箱〉鉴赏》

蒲松龄:《聊斋志异·婴宁》

▲（拟请中国社会科学院文学所刘世德研究员撰写）

★凌蒙初:《转运汉巧遇洞庭红 波斯胡指破鼍龙壳》

★纪昀:《阅微草堂笔记·轿夫与舟子》

二、表达与交流

（一）写作：小小说的创作

作家写作谈：王安忆论编故事（略）

训练：到农村采风，收集一些民间故事，选择其中您最喜欢的，把它写成一篇小小说。

（二）口语：即兴辩论

训练：百宝箱对于杜十娘有什么意义？李甲困难地筹赎金赎她时，杜十娘没把它拿出，而在投江自尽时才拿出来，为什么？不写百宝箱可以吗？请同学们即兴辩论。

第四单元　闲情逸韵

单元导语

一、阅读与欣赏

归有光两篇：

《项脊轩志》

《寒花葬志》

▲周啸天:《论归有光〈项脊轩志〉的思想与艺术》

“三袁”小品

袁宗道:《龙湖》

▲吴调公:《赏析袁宗道的〈龙湖〉》

袁宏道:《虎丘记》

▲魏中林:《袁宏道〈虎丘记〉赏析》

袁中道:《江行日记二则》

▲吴战垒:《摄取诗与画的精魂——读袁中道江行日记二则》

★晚明小品

钟惺:《浣花溪记》

张岱:《湖心亭看雪》

张岱:《西湖七月半》

夏完淳:《狱中上母书》

★清代小品三篇

邵长蘅:《八大山人传》

郑板桥:《范县署中寄舍弟墨第四书》

姚鼐:《登泰山记》

二、表达与交流

(一)写作:捕捉生活细节

名家谈写作:卢卡契论内涵的整体性(略)

训练:“一花一世界”,生活中一定有许多“细节”曾深深地打动过你,使你“发现”了生活之“美”。请将其中让你第一次感动而无法忘怀的部分写出来。

(二)口语:即兴发言

训练:组织学生郊游,然后请同学们将自己的所见所闻所感,以即兴发言的形式表达出来。

第五单元　面对世界

单元导语

一、阅读与欣赏

王国维:《人间词话》

“境界”七条

“治学三境”

“入乎其内”与“出乎其外”

“优美”与“壮美”

“一切文学，余爱以血书者”

▲叶嘉莹:《王国维境界说的三层义界》

梁启超:《科学精神与东西文化》

▲（拟请北京大学夏晓虹教授撰写）

★黎庶昌游记三篇

《巴黎油画院》

《卜来敦记》

《西洋游记之二》

★钱单士厘游记二篇

《癸卯旅行记·光绪二十九年四月十九日》

《归潜记·章华庭四室·劳贡（Laocoon）室》

二、表达与交流

（一）写作：随感录的写作

名家谈写作：朱光潜等论随感录的写作（略）

训练：在阅读古今中外文学作品时，或观赏电影和电视剧之后，或是思考一些社会现象和问题时，你一定有自己的点滴见解和感想，请把它们记录下来作为自己的思想日记。

（二）口语：即席发言

背景材料：李泽厚的“三境界”说（略）

训练：试将李泽厚的“三境界”说与王国维的“治学三境”说进行比较，谈谈你自己对于它们的理解。

模块四

第一单元　新诗的园地

单元导语

一、阅读与欣赏

艾青诗四首

《太阳》

《我爱这土地》

《手推车》

《礁石》

▲钱理群:《论艾青的诗》

舒婷诗二首

《祖国啊，我亲爱的祖国》

《致橡树》

▲（孙绍振:《谈谈舒婷的两首诗》）

★郭沫若和徐志摩的诗四首

郭沫若:《凤凰涅槃》

郭沫若:《天狗》

徐志摩:《再别康桥》

徐志摩:《偶然》

★中国现代新诗六首

冯至:《蛇》

闻一多:《死水》

戴望舒:《寻梦者》

卞之琳:《断章》

何其芳:《欢乐》

穆旦:《春》

★中国当代新诗六首

昌耀:《高车》

食指:《这是四点零八分的北京》

曾卓:《悬崖边的树》

顾城:《我是一个任性的孩子》

海子:《面朝大海，春暖花开》

纪弦:《你的名字》

二、表达与交流

（一）写作：想象与抒情

作家写作谈：艾青《诗论》中有关想象的两段话（略）

训练：展开想象，以某类你认为有诗意的事物为题写一首抒情诗或一篇抒情散文，要注意表达自己独特的感受。

（二）口语：新诗的朗诵

训练：组织一次诗歌朗诵会，朗诵一首新诗。

第二单元　现代小说

单元导语

一、阅读与欣赏

鲁迅《狂人日记》

▲茅盾:《读〈呐喊〉》

沈从文:《萧萧》

▲罗维:《〈萧萧〉的叙事结构及其深层意蕴》

★老舍:《断魂枪》

★沙汀:《在其香居茶馆里》

二、表达与交流

（一）写作：虚写与实写

作家创作谈：孙犁：散文的虚与实

训练:《萧萧》中有些描写是实写，有些描写是虚写（如对女学生的叙述）。萧萧一度要沿着“女学生走的那条路”逃走，请你以“萧萧的路”为题，以虚实结合的方式写一篇作文，800字。

（二）口语：探究性讨论

狂人在癫痫发作时说出了礼教“吃人”的真理，可一旦病愈，竟然“赴某地候补矣”，也就是说，也去“吃人”了。为什么他在发疯时大声疾呼，在清醒后反而麻木不仁了？大家是怎么看待这种现象的？

第三单元　现代散文

单元导语

一、阅读与欣赏

鲁迅:《雪》

▲滕云:《我记住了〈雪〉》

梁实秋:《雅舍》

▲许淇:《〈雅舍〉的继承与发展》

★朱自清:《荷塘月色》

★郁达夫:《钓台的春昼》

★张爱玲:《更衣记》

二、表达与交流

（一）写作：把散文写得像诗

名家谈写作：海德格尔：诗意地栖居（略）

训练：大自然中的风霜雨雪也常常会让我们感动、沉思。请你选择一种曾经感动过你的自然现象，然后体会鲁迅的写法，呈现出你的诗与思。800字左右。

（二）口语：即兴发言

训练：请用幽默的表达，简要描述一下自己居住的房屋，比一比谁更“低调”。切记：要“低调”得健康有趣啊。

第四单元　戏剧人生

单元导语

一、阅读与欣赏

丁西林:《三块钱国币》

▲王震亚:《感悟幽默性喜剧的真谛——简论丁西林的〈三块钱国币〉》

易卜生:《人民公敌 / 第二幕》

▲曹禺:《论易卜生》

★莎士比亚:《威尼斯商人》(选)

★果戈理:《钦差大臣》(选)

二、表达与交流

（一）写作：随感式论文（杂文）

作家写作谈：魏明伦：随感与杂议（《巴山鬼话·自序》）

训练：现实生活中像杨长雄、斯多克芒医生一样的人大有人在，他们虽然能够仗义执言，却遭受了不公正的待遇。结合你的所见所闻，以“正义者的悲哀”为题，写一篇1500字左右的文章，对类似现象进行剖析。

（二）口语：朗诵与表演

训练：在课堂上若干同学分别以剧中的口吻，朗读《三块钱国币》，并辅之以表情和简单的动作。

第五单元 外国散文

单元导语

一、阅读与欣赏

屠格涅夫:《树林与草原》

▲（特约稿，拟请作家王蒙先生撰写）

马丁·路德·金:《我有一个梦想》

▲（特约稿，拟请谢冕先生撰写）

★茨威格:《世界上最美的坟墓》

★丘吉尔:《我与绘画的缘分》

★海伦·凯勒:《三天所见》

二、表达与交流

（一）写作：景与人

训练：请你写一篇描写风景的散文，但要考虑如何把人融入其中，并以第二人称指代之，以使自己的景物描写不孤单，更具有表现力。

（二）口语：演讲比赛

名家谈演讲：孙绍振谈演讲技巧

训练：请以《我有一个梦想》为题，举行一次演讲比赛。要求：1. 这个梦想须是自己最想实现的梦想。2. 要有所准备（如写出演讲提纲、打腹稿或形成演讲稿），但又要完全脱开稿子，加进即兴发挥的成分。3. 使用与自己的演讲内容与演讲风格相吻合的修辞手段（如为了增强气势和力度，使用排比等；为了生动有趣或拉近与听众的距离，使用幽默等）。

第六单元　热爱汉语

单元导语

一、阅读与欣赏

郑敏:《中国古典诗歌的用字和意境》

▲（特约稿、作者：童庆炳）

赵元任:《谈谈汉语这个符号系统》

▲（特约稿，作者：郑敏）

★朱光潜:《咬文嚼字》

★纪德裕:《山无红叶不知秋——谈“枫”》

二、表达与交流

（一）写作：语言的节奏和韵味

名家谈写作：朱光潜《谈文学》中关于语体文的声音和节奏的一段话（略）

训练：这是用欧化句子戏拟的《红楼梦》一个片段，请你试用《红楼梦》原作的语言风格改写，看看有什么异同。（内容略）

（二）口语：讨论

训练：讨论关于贾岛五言绝句《寻隐者不遇》的原作和改作的异同。

模块五

第一单元　异域的竖琴

单元导语

一、阅读与欣赏

俄罗斯诗四首

普希金:《致大海》

叶赛宁:《狗之歌》

阿赫玛托娃:《献给亡人的花环·七》

帕斯捷尔纳克:《二月》

▲(特约稿，拟请对俄罗斯诗歌情有独钟的中国当代诗人王家新撰写)

英国诗四首

华兹华斯:《孤独的收割者》

柯勒律治:《忽必烈汗》

拜伦:《但愿我是个无忧无虑的孩童》

雪莱:《致——》

▲王佐良：论英国浪漫主义

★法国诗四首

波德莱尔:《信天翁》

兰波:《奥菲丽娅》

马拉美:《打钟人》

瓦雷里:《石榴》

★美国诗四首

弗洛斯特:《雪夜伫马林边》

史蒂文斯:《坛的故事》

普拉斯:《镜子》

毕肖普:《寄往纽约的信》

★诗六首

印度 / 泰戈尔:《吉檀迦利》(选三)

德国 / 里尔克:《豹》

爱尔兰 / 叶芝:《当你老了》

智利 / 聂鲁达:《天鹅湖 》

意大利 / 蒙塔莱:《鳗鱼》

爱尔兰 / 希尼:《挖掘》

二、表达与交流

(一) 写作：意象与抒情

名家谈写作：朱光潜在《诗论》中论意象及其与情趣相契合的一段话

训练：以《致 ××》为题，可以是人，也可以是物，注意意象的营造，并努力做到意象与情趣契合，写一首抒情小诗或是一篇抒情散文，要表达自己独特的感受。

(二) 口语：讨论

训练：叶赛宁曾经在一次聚会中朗诵自己的作品《狗之歌》，据说高尔基还没有听完就流下了眼泪。请你认真阅读这首诗，在自己理解的基础上，谈谈高尔基为什么流泪。

第二单元　当代小说

单元导语

一、阅读与欣赏

王蒙:《风筝飘带》

▲宗璞:《王蒙的创新精神》

史铁生:《我的遥远的清平湾》

▲冉戕:《不能忘记的记忆——评史铁生的清平湾》

★路遥:《人生》(选)

★铁凝:《孕妇与牛》

二、表达与交流

(一)写作:创造性的心理描写(意识流)

作家谈写作:普鲁斯特:“意识流小说”

训练:细心揣摩《风筝飘带》的意识流手法,尝试模仿意识流手法把最近一次考试成绩公布时你的所思、所想、所喜、所忧、所见、所闻写下来。

(二)口语:采访与转述

训练:我们的父辈都有自己并不遥远的“遥远的清平湾”,请你采访你的两位父辈人物,并把他们各自经历的一段历史,讲给同学们听。

第三单元 当代散文

单元导语

一、阅读与欣赏

孙犁:《黄鹂》

▲(特约稿,拟请作家贾平凹撰写)

汪曾祺:《金岳霖先生》

▲(特约稿,拟请理论家李陀撰写)

★贾平凹:《秦腔》

★周涛:《守望峡谷》

★余光中:《我的四个假想敌》

二、表达与交流

(一)写作:把人物写活

作家写作谈:鲁迅:白描的秘诀

训练：请以自己所熟悉的人为写作对象，最好选择自己以前写过的作文题目，重新构思，重新组织材料，写一篇写人记事的散文。并与自己以前的作文比较一下，把你笔下的人物写活了。

（二）口语：课堂讨论

请你展开想象，描述出你心目中的胡蜜花的成长史，并说出之所以如此的理由。讨论题目：《胡蜜花改变命运之后》。

第四单元　外国小说

单元导语

一、阅读与欣赏

杰克·伦敦：《热爱生活》

▲敖继红：《生命与人类同在——读杰克·伦敦〈热爱生命〉》

卡尔维诺：《马科瓦尔多逛超级市场》

▲（拟请意大利文学专家吕同六先生撰写）

★肖洛霍夫：《一个人的遭遇》

★博尔赫斯：《曲径交岔的花园》

三、表达与交流

（一）写作：有创意地表达

作家写作谈：俞平伯："说自己的话，老实地"

训练：现实生活中，有很多人既不珍惜自己的生命（比如吸毒、酗酒），也不珍惜别的生命（比如残害同类、虐杀动物）。以"珍惜生命"为题，写一篇议论文，1000字，力求以自己的方式，说自己想说的话。

（二）口语：讨论

训练：我们学习的是杰克·伦敦的《热爱生命》。你读过食指、汪国真各自题为《热爱生命》的诗吗？你在阅读这三个作品时是否有不同的感受？为什么？

跟同学们谈谈你的看法。

第五单元　杂文小品的世界

单元导语

一、阅读与欣赏

鲁迅:《论睁了眼看》

▲（特约稿，拟请王富仁先生撰写）

林语堂:《冬至之晨杀人记》

▲朱金顺评《冬至之晨杀人记》

★王力:《劝菜》

★王小波:《工作与人生》

★龙应台:《中国人，你为什么不生气》

二、表达与交流

（一）写作：讽刺与幽默的运用

训练：我们周围的生活陋习、文化陋习依然很多，如随地吐痰、乱扔脏物、公共场合大喊大叫……，请你选择一种生活或文化陋习，运用讽刺与幽默的杂文笔法，写一篇 800 字左右的杂文。

（二）口语：小型辩论会

背景材料：鲁迅、林语堂谈小品文笔法

训练：辩题：杂文写作是否需要鲁迅笔法。

第六单元　工业化和后工业化时代西方学人的新思考

单元导语

一、阅读与欣赏

歌德:《自然》

▲《大自然究竟是什么？朋友乎？敌人乎？》（特约稿，拟请钟南山院士撰写）

弗洛姆:《占有与存在的区别——以诗为例》

▲《日本诗人松尾芭蕉描写自然山水的俳句》（特约稿，拟请日本文学专家何乃英教授撰写）

★休谟:《鉴赏力的细致与情感的细致》

★德克·卜德:《欧洲人从中国“偷”去了什么》

二、表达与交流

（一）写作：叙述三件神秘的自然事物

写作小故事：H·H·杨：动物、植物是否会感到痛苦？

训练：你能不能以亲身的经历，叙述大自然三件神秘而不可解的事情，并始终把这三件事情称为“她”或“你”？作文：“叩问自然”，1500字左右。

（二）口语：小组轮流发言——“尽情地说一次，忘了自己”

训练：歌德说只有从自己“灵魂中畅流出来的思想”和属于自己的“每一寸好时光”才是“财产”。你是否同意歌德老人的看法？一定要说真话！

童庆炳：作为教育家的文艺理论家

吴子林

生活就是投入，每时每刻都投入。

——［西］加塞尔

童庆炳先生不仅是我国著名的文艺理论家、美学家和批评家，还是一名颇有成就的教育家。在六十年的教育生涯里，他兢兢业业、呕心沥血，打造出了一支赫赫有名的“童家军”，深刻影响着中国的文艺学建设，推动中国文学事业的发展。研究童庆炳的教育思想，有着重大的理论与实践意义。

“上课的感觉”

1958年童庆炳留校任助教时，中文系指定童庆炳管理教研室的“右派”，黄药眠先生当然也在被管的“右派”之列。“右派分子”被规定每天要到系里来扫地，打扫厕所等。童庆炳心中始终认为黄先生是老师，不是什么敌人，所以总是偷偷地帮助他扫地、扫厕所，总是亲切地称他“黄先生”。黄药眠先生被规定每天要交的“日记”，童庆炳也听之任之，交来则看看，不交，也就算了。有时候黄药眠先生在“日记”上写些读书的感受，分析作品为什么写得好或不好，童庆炳一直印象深刻。1960年组织上给黄药眠先生摘了“右派分子”的帽子，中文系指定黄药眠先生做童庆炳和另外两位年轻助教的指导教师。在指导青年教师童庆炳、程正民和刘庆福等人的过程中，黄药眠先生提倡“具体的思维”，即不要从概念出发，从抽象到抽象地推论；而要从事实出发，把观点与材料相互对照，以事实印证观点，要顾及事实的方方面面，看看观点的涵盖面是否周全——这样才能发现问题，检验观点的正误，避免简单化和片面化的偏颇，才不致使自己的理论成为空论。

黄药眠先生并不给青年教师讲多少高深的理论，而是亲自给他们示范讲作品，分析问题。为了有效提高青年教师分析作品的能力，黄药眠先生计划先从短篇小说讲起，再讲中篇和长篇。第一讲是分析宋人话本《卖油郎独占花魁》，在示范分析之后，让每个人从当时的文学刊物上选取一篇刚发表的短篇小说，独立进行分析，要求抓住作品的特点，探索作品成功或失败的原因。最后再交他批改。他给每个人的批改都非常细致，有眉批，有总结性评语，只要学生有独到见解，则予以肯定和鼓励。

对于黄药眠先生的“最后一课”，童庆炳至今仍记忆犹新：1983 年春天，已经 80 高龄的黄药眠先生坚持要给研究生和年轻教师讲最后一次课。他步履蹒跚地走进了北师大教二楼的一间教室，学生们起立迎接他。他在讲台旁坐下，向带着对知识的渴望和对他敬仰的学生微笑着，然后把手伸进书包。大家以为他是在拿讲稿，但出人意料的是他拿出了三个药盒子，在讲台上一字排开，然后叫童庆炳和另一位老师过去，告诉他们，如果自己在讲课过程中突然倒下时，怎样把药按次序放进他的嘴里……黄药眠先生是冒着突发心脏病的危险，不顾生死来上这堂课的；他随时可能倒在讲台旁，或倒在学生的怀抱里，但是他坚持要讲完这最后一课……这最后一课，童庆炳没听好，他跑神了。他觉得，这“最后一课”是先生一生为人治学的写照，他为先生那种不惜生命追求真理的精神所折服！

后来，童庆炳经常动情地讲述这段往事，强调要发扬光大黄药眠先生这种豁出老命来搞学科建设的精神，强调要有一种生命的投入，才能真正把这个学科搞好，这个学科才能立于不败之地。在他看来，劳动最重要的是态度，只有把劳动变成自己的精神乐趣，才能享受到它所给予的一切。1997 年，童庆炳发自肺腑地说:“我在37年的教学生涯中，始而怕上课，终而觉得上课是人生的节日。天天上课，天天过节，哪里还有一种职业比这更幸福的呢？我一直有这样一个愿望：我不是死在病榻上，而是有一天正谈笑风生地讲着课，突然倒在讲台旁或学生的怀抱里。我不知道自己有没有这个福分。”

1983年，北京师范大学文艺学学科点被评定为全国第一个文艺学博士点，1985年开始招收文艺学博士生，第一届博士生有王一川、罗钢、张本楠三人。童庆炳被黄药眠先生指定为副导师，协助他指导学生。同年，还招入了第一届硕士研究生，共十三人，即陶东风、李春青、黄卓越、蒋原伦、陶水平、唐晓敏、李珺平、张云鹏、曹凤、金依里、陈向红、周帆和黄子兴。第一届博士生和第一届硕士生，是一群学术个性与禀赋完全不同的学生，他们构成了日后学界所谓的“童门弟子”或“童家军”的基础。目前，他们基本上都成了中国文艺学界的中坚力量。

本来硕士研究生招生简章上写的是钟子翱、童庆炳和梁仲华三位导师，可是，当时谁也没想到钟子翱先生身体不好，检查出患了癌症，住院治疗（1986年去世），梁仲华则调到了新成立的社会科学处任处长。于是，十三名学生都划到了童庆炳名下，全由他一人指导。后来，人们戏称他们为童庆炳的“十三太保”。第一届博士生则是以黄药眠先生的名义招进来的，不料黄药眠先生生病住院，1987年去世。博士生培养计划的制订、方法的设计、毕业论文的选题、指导及其答辩的组织工作，全都由童庆炳一人来做。

年富力强的童庆炳成了文艺学学科点的顶梁柱。1989年，童庆炳毅然辞去了似乎前途“看好”的北师大研究生院常务副院长职务，回到教研室整顿文艺学的教学和科研队伍。第一届硕士研究生入学时，恰逢童庆炳申报的国家“七五”规划社会科学基金重点项目“心理美学——文艺心理学研究”批了下来。于是，他便带着这些学生一起投入到这最为前沿的课题研究之中，并辅之以课堂“专题研讨”与“课外研讨”相结合的教学指导方式。每次给学生上课前，童庆炳都作精心的准备：先冲个热水澡，穿上最好的服装，系上一条金利来领带（获曾宪梓教育奖时从曾先生手里接过来的），穿着擦亮了的皮鞋，庄重而又精神饱满地出现在学生们面前。上了讲台，他的习惯是手里拿着粉笔，站着授课，这是童庆炳几十年来坚持的习惯。他说，这是出于对职业、对知识、对学生的尊重，也是保持激情、讲课质量的必要方式。只有这样，才能"把每次讲课都当作第一次"，以新鲜、认真的态度来面对。讲课时，童庆炳往往抛开讲稿，把自己的生活体验，融入到知识义理中，引导学生去体悟知识的真谛。

在上"专题研讨课"之前，童庆炳通常是从古今中外重要的理论书籍中挑出一本，布置好研讨的题目及范畴，让学生精读相关章节，并指定一些阅读的书目和资料；然后每周组织一次研讨课，要求每人的发言不能重复书中的内容，必须谈出自己的体会和理解。到了研讨课，童庆炳自己先讲，再让学生们讨论，也就是自由发言，其核心是专门挑他所讲内容的毛病或不足，特别鼓励学生们拿自己新编的讲义"开刀"，并说凡是能对他的讲义提出相反意见的得高分，附和的得低分。大约是童庆炳的真诚与谦虚态度鼓励了弟子们，于是，同学之间、师生之间高谈阔论，唇枪舌剑，争论不已；在一场场辩论中，谁也不轻易让步或服输，彼此之间争辩得面红耳赤。结果十三个学生挖空心思来挑毛病，大家的发言也十分大胆，甚至是尖刻。针对童庆炳的某种观点，说逻辑不通者有之，说浅薄者有之；有的从观点上、有的从体例上、有的从例证上，一一展开批评。然而，无论面对怎样的批评，童庆炳总是平静对待，他耐心地倾听学生们的意见，有时据理力争，有时直言接受，有时不置可否……最后，童庆炳作精要的点评，并将学生所提意见全部带走，从未有因学生的批评而愠怒的情形。当时已步入中年的童庆炳，有着年轻人一样的心气，保持着接受新知识和新事物、时刻更新思想观念的强烈兴趣和欲望。

"专题研讨课"结束后，童庆炳把讲义整理出来成了20多万字的专著《文学活动的美学阐释》（陕西人民出版社1989年版），书中运用审美学的方法对文学活动的各个环节作了深入探讨：其核心在于，将文学理解为一个从社会生活、作家、作品到接受的一个动态过程，从而揭示文学的审美本质、文学创作的艺术规律、文学作品的审美结构和文学接受的艺术规律。本书广泛吸收了中西文学理论中的有益资料，形成了中西交融的特色。著名美学家蒋孔阳先生为此书写“序”，称之为“我国新时期的文艺理论，经过曲折的探索之后，所开出来的一朵花，所结出来的一个果”；“它不仅仅介绍某一个问题、某一个流派，而是把各种文学知识和文学流派综合起来，形成了一个比较完整的文艺理论体系”[①]。后来，此书被教育部推荐为全国研究生教学用书，更名为《文学活动的审美维度》，由高等教育出版社2001年修订后再次出版发行。

对于“专题研讨课”之妙处，作为童庆炳开山弟子之一的曹凤深有体会：“现在想来，当时的研讨活动，特别是研讨中的争辩是多么难得的学术交流和多么有力的学业促进。当时正值80年代中期，正是中国改革开放的关键时刻，随着国门的大开，国外的各种思潮流派不断涌进中国，五花八门的激流冲击着中国的学术界，采取什么方式，如何尽快地了解和掌握西方的各种思潮和流派，如何鉴别和接受西方的各种思潮和流派，是当时的中国知识分子必须面临和思考的问题。专题研讨课无疑是最切合实际的最佳的方式，童先生选择了这最佳的方式来培养我们，促使我们带有问题，以探究的眼光阅读了大量的书籍，使我们学会了如何评判别人的观点和如何提炼自己的观点，让我们不知不觉进入了学术的领域。”[②] 当然，“专题研讨课”这种全身心投入的授课方式很累，每次下课一回到家，童庆炳总是疲倦之极地半躺在沙发上，说话时直喘粗气，与上课时那个精力充沛的形象简直判若两人！但是，这并不重要。童庆炳回忆说：

> 最重要的是上课的感觉，这是一种快感，一种美感，一种价值感，一种幸福感，一种节日感，一种自我实现感……对了，我想起了小时候，在小溪里抓鱼，抓了好半天，还一无所获，突然手运来了，我终于抓住了一

---

① 蒋孔阳：《曲折探索后结出的果实》，见李春青编：《手握青苹果——童庆炳教授七十华诞学术纪念集》，广西师范大学出版社2005年版，第97～98页。

② 曹凤：《永远的感激》，见李春青编：《手握青苹果——童庆炳教授七十华诞学术纪念集》，第63页。

条肥美的鳜鱼。我的一颗幼小的心剧烈地跳动起来，我永远不会忘记那一时刻。幸运的是我每上完一堂成功的课，都有抓住一条鳜鱼的感觉。[①]

“课外研讨课”即每月组织一次研讨会，在旧主楼七层中文系的会议室举行。中国当代著名作家周立波的儿子周小仪在北师大求学期间，目睹了第一次研讨会的盛况：“记得第一次研讨会整个会场座无虚席，人声鼎沸。童老师随即宣布当天的议题。他的得意门生之一，当时就读博士的王一川作主题发言。那时王一川崇尚审美体验，所选术语都颇有诗意，诸如‘林中空地’‘我思故我不在’等，极为蛊惑人心。另一博士生罗钢则反其道而议论之，争论十分激烈。童老师并不偏袒任何一方，最后作出精彩总结”；“这场景到现在仍然历历在目，就像发生在昨天。当时我和同班同学柴玮坐在后排，看着师兄们侃侃而谈，好生羡慕；只恨自己才疏学浅，插不上话，也没有胆量发言。”周小仪的描述绘声绘色，他对研讨会的体味也极为深刻：“童老师把学术当宗教，只有理解宗教的幻景，才能明白那些讨论会就像是星期天上教堂做礼拜。那时人们为学术而学术，就像英国和法国的唯美主义者为艺术而艺术，所以还真能体会形式主义的真味。”[②]

陶东风是童庆炳众多弟子中最喜欢提问、也最喜欢与老师争辩的学生。为了一个学术问题，陶东风与童庆炳之间往往争论得面红耳赤，尽管彼此的分歧可能很大，童庆炳却从不因为弟子的“冒犯”而生气，相反却倍加称赏，因为自己的观点通过这种争论而被学生消化了、发展了，受益的不但是学生，而且还有自己。这就叫作“教学相长”吧。2002 年，在纪念北京师范大学 100 周年校庆的一次活动中，童庆炳和陶东风一起被邀请到中央电视台。主持人问陶东风：“你觉得作为教师，童庆炳先生最可贵的品质是什么？”陶东风发自肺腑地

---

① 童庆炳：《我的“节日”》，见本书第 57 页。

② 周小仪：《我心目中的童庆炳先生》，见李春青编：《手握青苹果——童庆炳教授七十华诞学术纪念集》，第 68 页。

回答:“善于培养学生的反思和质疑精神。”[①]

“严师益友”

如何对待自己指导的研究生呢?有的导师主张对学生宽松一些,有的导师主张对学生要严格要求。经过长期摸索,童庆炳主张对学生“宽严相济”,做学生的“严师益友”。

童庆炳对学生很好,那是有口皆碑的。他说:“在学生遇到困难的时候,譬如犯了一点什么小错了,生病啦,失恋啦,家人出事啦,穷得揭不开锅啦,找不到工作啦……这时候你就得想尽一切办法,像一位父亲那样去帮助他或她。你得设身处地地为他或她着想,就当是你自己遇到的困难,甚至比你自己遇到的困难更认真地去对待。”2003年春夏之交的“非典”时期,有一场“非常答辩”,至今在北师大传为佳话。由童庆炳指导的韩国留学生车泰根由于对情况缺乏了解而突然从韩国来到北京,请求进行博士论文答辩。在十分紧急的时刻,童庆炳一方面安排车泰根的生活,帮助他做好防疫和免疫的各项工作;一方面积极联系学校各部门和有关答辩委员,满足车泰根的答辩愿望。经过童庆炳的精心筹备,车泰根的博士论文答辩顺利举行,车泰根最终获得博士学位并及时回国。据说答辩那天,在北师大校内草坪上,无论是答辩人,还是答辩委员,人人都头顶骄阳,大汗淋漓,直到完成论文答辩的各个程序。

当然,一旦事关学术,如果学生不认真读书、不潜心研究、不努力写作,童庆炳决不苟且,决不容忍。可以说,这是他的伦理底线和价值标准。童庆炳不止一次地对自己学生说,读研究生,无论硕士生还是博士生,最重要的是写出一篇高质量的论文来;写作论文的过程,既能考验自己发现问题的敏感程

---

① 陶东风:《坚持自我 包容他者——童庆炳先生印象》,见李春青编:《手握青苹果——童庆炳教授七十华诞学术纪念集》,第35页。

度，也能检验自己的知识积累；做论文与其说是在阐述某一个学术观点，毋宁说是在培养一个人的理论思辨能力，以及掌握学术研究方法的能力。

由于每个人的禀赋不一，所下功夫的深浅也不一，到了论文写作的阶段，便是童庆炳最劳心劳力的时候了。他总是不厌其烦地一次次和学生讨论论文的核心论点以及大致的结构，一次次地给学生提供参考书目，一次次地询问学生论文撰写的进展情况，直至学生写完、把论文打印成册交到自己的手中。然后，他一字字一句句地看，边看边写意见或建议。在看论文和学生论文答辩的日子里，童庆炳的胃溃疡准要发作。看病去吧，时间已经很紧了；不管它吧，疼得受不了。这时他就一招儿：“快把雷尼替丁拿来！”童庆炳的夫人曾恬回忆道：

> 最让他恼火、且让我肝儿颤的事情，莫过于碰到他自己带的学生写的论文一改再改仍旧“拿不出手”。这种情况多数发生在读书不认真的学生身上。这会使我的老伴儿脾气变坏，失去耐心时他会粗暴地吼叫：“再改不好就别交来！延迟毕业！”听到他这种“失常”的声音会把我吓得一哆嗦。可是，脾气发完后，他还是要绞尽脑汁地去帮助那个学生。但凡能达到水准线的，都不让“沉”下去。可要是真的不够起码水平，拖延个一年两年毕业是有过的，这他不会心软。要说奇怪也不奇怪，凡是被他批评、吼叫过甚至推迟毕业的学生，都不恨他。过了许多年，他们还想念他。[①]

北京大学的季羡林先生曾经说过，只有严格的导师，才能带出优秀的学生。当年这些被“吼叫”过甚至推迟答辩毕业的学生中，有的已是大学副教授，有的已过“不惑”之年。不论男女，这些学生被童庆炳当众“吼叫”之后，或眼泪汪汪，或强忍忧伤，内心焦虑不已。这时候，童庆炳便耐心、细致地指导和帮助他们，提出许多中肯的、建设性建议。于是，他们将论文原来的写作方案

① 曾恬：《老伴儿》，见李春青编：《手握青苹果——童庆炳教授七十华诞学术纪念集》，第92～93页。

推倒重来，一遍遍反反复复地修改，一直改到实在无法再改，自身的全部潜力都被彻底激发、挖掘出来为止。而一旦这些学生经过努力，论文质量有了进步时，总是能得到童庆炳的充分肯定和鼓励。

2001年在季羡林先生家门口的荷塘旁

在丝毫不给“情面”的导师面前，学生在敬畏之余，除了奋然前行，还能有什么可选择的余地呢？对此，北京大学周小仪教授的感受非常深刻，他道出了童庆炳的弟子们共同的体会：“做童老师的学生不可有侥幸心理。特别是那一双明察秋毫的眼睛，让人无可逃遁。即使是多年后的今天，我仍然能感受到这种眼光的压力。拉康曾经谈到注视与自我建构的关系，说是那些飙车的人心中所感受到的是伟大赛车手的注视。我深以为然。我想我和师兄们会有同样的感觉，作出好学问，自然感到振奋；想偷工减料，就会觉得肩膀后面有人看着。他不在场，却有威力。”[①]

作为有着丰富经验的文艺学学科带头人，童庆炳以提携年轻人为己任，时刻关心年轻学生和教师的成长。他既是严师，又是益友。几十年来，童庆炳从没有因为学术见解不同而排斥过他人，也从没有因为学生在某些方面可能走到自己的前面而有所不满，他总是竭尽自己的全力支持晚辈们不断进步。

1993年，在《东方丛刊》组织的“诗学大奖赛”中，王一川的论文得了一

① 周小仪：《我心目中的童庆炳先生》，见李春青编：《手握青苹果——童庆炳教授七十华诞学术纪念集》，第67页。

等奖，获奖金一万元；作为导师的童庆炳，他的论文只得了三等奖，仅有奖金两千元。《东方丛刊》杂志社怕童庆炳不高兴，特意向他表示歉意。他在回信中表达了自己的欣慰之情："哪里有比这样的事情更让我高兴的呢？三个奖，我们师生就得了两个！"

2004 年全国文联评文学批评奖的时候，童庆炳的一篇文章得了二等奖，而学生陶东风、邹红同时得了一等奖，他为此感到无比兴奋：全国文联的一等奖是很难拿的，第一次评奖时给了北京大学的谢冕教授；陶东风和邹红都是自己培养的弟子，他们的获奖表明，学生在自己可能止步的地方更前进了几步，自己的思想在弟子身上显现出了强大的生命力，他们有着极大的发展空间——还有什么比这更让人高兴的呢？

2005 年 12 月 10 日，在北京师范大学举行了"文化诗学暨童庆炳学术思想研讨会"，庆祝他七十岁生日和从教五十周年，来自各高校的近百位学者、同行以一次前沿的专业对话来纪念童庆炳教授的"节日"。我国著名的文学评论家、中国社会科学院何西来研究员指出，学术是有品格的，中国人讲学术历来是讲品格，讲格调的，童庆炳的人格是他学术上的一个重要支点。他说：

> ……童庆炳他长我几岁，应该称他为兄长，在人格上也是我的兄长。应当心仪的，是这样的人，他作为人站住了，作为学术他也站住了。刚才大家做了那么多的评价，我觉得最核心的应该是这个，而他传给他的弟子们的，传给他的学生们的，我觉得最重要的也应该是这一点。……在长达半个世纪的学术活动当中，像童庆炳老师涉及这么多的领域，实在难得。他还搞创作，这次群众出版社出了他的小说；他搞当代评论，他除了文学以外，他带戏剧的研究生；他的涉及面这么广，而他所研究的问题又是不一样的。在这些理论的背后，在这些创作的背后，都有一个大写的人。这就是童庆炳教授。我跟他交往这么多年，我觉得（杜）书瀛讲得很对，他说够"哥们儿"，我说够朋友，够一个中国人，够一个被人称为是时代的社

会的良知的中国知识分子的人格。[①]

大学是有灵魂的。真正的“大学”不在于“大”，而在于“学”。1997 年，启功先生为北师大题写了“学为人师，行为世范”的校训。启功先生曾这样阐释其含义：“所学要为世人之师，所行应为世人之范。”具言之，学，是指每位师生应具有的学问、知识和技能；学为人师，就是要使“学”能成为后学的师表。行，是指每位师生应具有的品行；行为世范，就是要方方面面，时时刻刻，都光明正大，能成为社会的模范。

童庆炳不仅培养了数以百计的硕士生，还培养出了文学博士 80 多人——此外，还有全国各高校的高级访问学者如顾祖钊教授、邓新华教授、李旭教授、方锡球教授等多人，其弟子和再传弟子遍涉古今中外的各个研究领域和各个专业，他们中有的在某些方面超越了童庆炳的研究视野，而这些都一无例外得到了他的激励和支持。当年，童庆炳享受着“得天下英才而育之”的快乐；而如今欣慰地看着后学的成长，他又感受到了“青出于蓝而胜于蓝”的幸福。为此，他由衷地说：“感激你们，我的学生，你们给我以安慰、愉快和自豪，并使我年轻起来，即使现在你们摆开架势与我争论，我也一样地为你们感到安慰、愉快和自豪，因为你们终于成长了。”[②]

迄今为止，童庆炳出版了各种著作 30 余部，发表论文近 300 篇。1985 年获北京市“劳动模范”称号，2004 年童庆炳再次获得北京市“劳动模范”的称号，并被评为北京市“先进党员”和“全国优秀教师”，还被任命为中央马克思主义理论研究和建设文学组首席专家（责任人）。2007 年，童庆炳连任第二届教育部社会科学委员会委员。2008 年，童庆炳被北京师范大学聘任为“资深教授”，同时获聘的还有教育学院顾明远教授、历史学院刘家和教授和心理学院林崇德教

① 何西来：《最重要的是学术人格——在“文化诗学暨童庆炳学术思想研讨会”上的发言》，《南方文坛》2014 年第 1 期。

② 童庆炳：《人生七十感言》，见李春青编：《手握青苹果——童庆炳教授七十华诞学术纪念集》，第 5 页。

授。他们不用退休，将为人民的教育事业服务终身！

2014年9月9日上午，在我国第三十个教师节到来之际，中共中央总书记、国家主席习近平来到北京师范大学看望教师，向全国广大教师和教育工作者致以节日问候。习近平总书记亲切接见了童庆炳等资深教授和院士，当他听说童庆炳是莫言的导师，非常兴奋地和童老师唠起了家常，谈起了文学……

在一次学术访谈中，童庆炳寄语中青年学子：

> 我们这代人已经在风雨中走过了我们的学术生涯，尽管我们也还可以贡献剩余的力量，但学术界的主力是中青年一代。我们寄希望于这一代，希望他们能够在前人的基础上有所进步、有所发展。我一直很推崇一句话，叫“有待乎内，无待乎外”。“有待乎内”，就是通过自己长期的研究，内心有所体会，有所收获，这是一种内在的收获，我觉得这是最重要的。“无待乎外”，就是做学术研究要能够正确面对外界一切，坦然面对风雨，淡然面对名利，不要等待外界给你什么。其实，外界给你什么，不给你什么，这都不是最重要的，或者说是很不重要的，重要的是内心的收获。朱自清说“只问耕耘，不问收获”，我说是“有待乎内，无待乎外”。[①]

正是有了内在价值的支撑，童庆炳抵挡住了各种外在的诱惑，无论外面的世界何等纷扰，他都镇定自若。“有待乎内，无待乎外”，这一人生格言表达了先生对弟子们殷切的期望。

2014年，在编完《从审美诗学到文化诗学：童庆炳自选集》一书后，童庆炳写了《我的新时期文学理论研究之旅》一文，对自己的文学研究之路与学术之旅作了回顾与总结，并在此文结尾部分写道：

> 新时期过去了三十余年，转瞬之间，我已从中年迈入晚年。我从审美

---

① 童庆炳、黄春燕:《诗恋人生，诗性守望——童庆炳先生访谈录》,《中文自学指导》2005年第5期。

诗学起步，经过了心理诗学、文体诗学和比较诗学的跋涉，最后一站来到文化诗学。这就是我的新时期的文学理论之旅。回顾所走过的路，总觉得所做的太少，留下的遗憾太多，论文和著作的质量不能令人满意。我清楚知道，我离我的学术研究目标还有很大的距离，未能像某些大家那样达到那种令人神往的境界。但生命的火焰即将黯淡，我可能再做不了什么来补救了。遗憾将陪伴上天留给我的日子。我只能告诫我的学生：努力吧，勤奋地不倦地在文学理论这块园地里耕耘。要读万卷书，行万里路，永远和现实生活保持密切的生动的联系，把书本知识、创作实践和生命体验贯通起来，也许你们能在这块园地获得丰收。我从来不嫉妒学生。我希望你们成家立派。当你们像我这样年老的时候，回首往事，觉得自己的生命没有虚度，你们已经成功，达到了你们的老师没有达到的境界。那对我来说，就是最好的安慰了。①

作家们的导师

在中国当代文坛，一般情况下，搞理论研究或评论的不能创作，搞创作的呢，无法作理论研究或评论，兼而能之者少之又少——这自然造成了理论家与作家之间略显“紧张”的微妙关系。作家通常不怎么把文学理论家当回事，虽然出于功利性的宣传需要，他们的作品发表以后常“请”理论家帮自己鼓吹鼓吹，其实打心眼里尊敬或佩服的却寥寥无几。有的作家甚至声称自己从来不看理论家写的东西，说不看还明白，越看越糊涂了。理论家一般也对作家不服气，总觉得已然逝去的那些大师才是真正的作家。不过，有意思的是，理论家的成果水平如何，一般多由理论家来裁断，而极少由作家来品头论足。难怪有人非常形象地把作家和理论家比作一对总是吵架又总分不开的“夫妻”。童庆炳

---

① 童庆炳:《从审美诗学到文化诗学：童庆炳自选集》，首都师范大学出版社 2014 年版，第 18 页。

既搞理论研究（文艺评论），又搞文学创作，这在中国当代文艺理论界是比较少见的。童庆炳现任中国文艺理论学会顾问、中国中外文艺理论学会副会长、中国作家协会理论批评委员会委员，他在理论界和创作界之间穿梭，“如鱼得水”——这不能不归功于黄药眠先生当年对童庆炳的谆谆教诲。

黄药眠先生曾经问过童庆炳：你讲文学理论，讲概念、下定义，你知道哪些概念和定义对创作是有用的？哪些是用处不大的？童庆炳摇了摇头。黄药眠先生说，你应该去写写小说、写写诗歌和散文，不论写得怎样，你都会有体验；这样，讲课时就知道哪些概念是重要的，必须下大力气讲清楚，哪些概念是不太重要的，不必下太多功夫。在黄药眠先生的鼓励下，1980 年，童庆炳与夫人曾恬根据听来的故事，加上几十年的生活体验，合作写了第一部十万余字的中篇小说《生活之帆》；同年 7 月，小说由人民文学出版社出版。

《生活之帆》由时任人民出版社社长兼《当代》文学杂志主编的秦兆阳先生审稿，他对这部小说赞不绝口，认为是“伤痕文学”当中很不错的一部。“这是一部反映青年知识分子生活的中篇小说。作品以第一人称自述的手法、质朴无华的语言，生动细腻地描写了梁蓉蓉、穆长生相亲相爱，然而又是不幸的生活遭遇；同时塑造了社会的畸形儿——霍大明这种道德败坏、不择手段向上爬的人物，涉及现实生活中人们普遍关心的某些问题”。[①] 小说第一次印刷了七万册，很快就销售一空，收到全国各地读者五百多封来信。在全国各地工作的朋友们也纷纷来信祝贺，说“我们这里也升起了你们的‘帆’！”黄药眠先生看了小说以后说：“你看，你写得很不错嘛，写得很好嘛，我觉得你是很有希望的。”

1988 年 4 月，上海文艺出版社出版了童庆炳的第二部长篇小说《淡紫色的霞光》，它分上、下两部，讲的是两代人之间的代沟，是一部描写当代大学生活的小说。作品在广阔的生活背景上，展示了丛小华及其女友范小乔同他们前辈在思想、性格上的冲突和差异，透射出两代人面对沉痛的历史教训和严峻的现

① 童庆炳、曾恬：《生活之帆》的“内容说明”，人民文学出版社 1980 年版。

实生活，共同去探求、去开拓、去进击的精神风貌。对父子之情、母女之情、青年男女的初恋之情，小说都写得自然婉转，真切感人，回味无穷。著名文学评论家何镇邦一口气读完了这部长篇小说，写了《人间有真情——简评童庆炳长篇新作〈淡紫色的霞光〉》一文，盛赞这是“一部角度颇新的描写当代大学生生活和知识分子心灵历程的有新意有深度的长篇结构”，小说崇尚写实，“写情胜于写理”“真切动人”。

2000年6月，上海人民出版社出版了童庆炳的散文随笔集《苦日子 甜日子》。这部集子前三部分是散文，分别抒写了自己童年时代的生活、四十余年北京生活的感受，以及在国外教学的一些经历和观感，第四、第五部分则是文论和美论的随笔。记得季羡林先生曾经说过，散文的精髓在于“真情”。在风雨沧桑几十年后，童庆炳“脱下了枯燥的理论大袍”，不像时尚的文化散文那样兜售所谓的文化知识，而是以亲切、酣畅的笔墨，平实地讲叙自己对生命的感悟，语言娓娓动人，结构浑然天成。这些洋溢着生命诗美的佳作，一如童庆炳的长篇小说作品，情真而辞切，让人读了怦然心跳，情感涌动以至热泪盈眶。

作为作家型的文艺理论家，童庆炳对人生有着非常独到的理解——

人生的全部在你感性与理性全部展开的过程中。你能忍受贫苦，你也能享受富有，没有体会过贫苦的人不是真正的人生。你能够哭泣，也能够欢笑，不曾哭泣的人不能体会真正的人生。你尝过挫折和失败的痛苦，也有过成功的喜悦，没有尝过挫折和失败的人也不能领略真正的人生。你能够在黑夜中坚守，也能在阳光下劳动，没有尝过黑夜中坚守的人也不能领略真正的人生。你能欣赏春天的美景，也能忍受冬天的严寒，没有经过严冬的人不能体会真正的人生。你有清醒的理智，也有丰富的感性，没有理智的人生也不是真正的人生。啊，人生的全部就是你是否尝遍了生活的甜、酸、苦、辣，是否经历了风、霜、雨、雪，是否体验了阴、晴、圆、缺！[①]

正是基于对人生真谛的这种彻悟，童庆炳合理地对待理论研究（评论）和文学创作的关系。在他看来，理论研究和文学创作是两种不同的社会分工，不存在高低贵贱之分，也不存在谁依靠谁的问题，但是它们合作，共同产生了意义，都是发自同一个普遍的时代精神，都是对时代的认识；不同在于，理论研究（评论）是一种哲学的、社会学的认识，而文学创作是一种直感的认识，理论家创造的世界与作家、艺术家所创造的世界同样重要。童庆炳认为，越是名作家、名艺术家的创作就越要对其进行严格的批评，因为这些作家、艺术家有广大的读者，影响很大，读者对他们期待很高，所以评论家不但要对艺术负有责任，而且对社会负有不可推卸的责任。为此，评论家必须拥有自己的生活信念、社会理想和文学理念。

1988年秋天，北京师范大学研究生院与中国作家协会鲁迅文学院联合举办了首届文学创作研究生班。童庆炳和时任鲁迅文学院院长的周艾若被任命为这个班的班主任，除了为这个班设计课程、延聘讲课的教师和辅导创作的导师之外，还亲自为这个班的学员讲课，专门开设了“创作美学”课程。首届文学创作研究生班的学员中，有莫言、刘震云、余华、毕淑敏、迟子建、严歌苓、刘毅然、刘恪、李本深、岛子、徐星、萌娘、千华、路远、亚子、肖亦农、白冰、何首巫等40余人；其中，莫言、刘震云等人在当时就已成名，大多数则在学习期间起步，在毕业后才逐渐成了“大腕”作家。面对学员中的这么多“能人”，童庆炳之所以敢讲“创作美学”，就是因为自己有创作的体验，所讲的不是枯燥的理论，而是贯穿了自己的创作体验。童庆炳从1988年开始认真准备讲稿，无论是对所讲的题目，还是对具体内容的阐述，他都深入地思考，颇下了一番功夫。“创作美学”的讲稿写了满满五个硬皮笔记本。

① 童庆炳：《人生七十感言》，见李春青编：《手握青苹果——童庆炳教授七十华诞学术纪念集》，第7页。

童庆炳从1989年春开始上"创作美学"课程，每周四节，共十六次，即十六讲。他对所讲的问题都力求做到既有根据，又有新见；既讲中国的文学理论，也讲西方的现代文学理论；既讲理论，也分析作品；既介绍别人的观点，也谈论自己对生活的感悟；既分析大作家的作品，也分析学生已发表的习作——如结合主要理论观点透辟分析莫言的《红高粱》、刘震云的中篇小说《新兵连》、毕淑敏的中篇小说《昆仑殇》等等。他们虽然能写出好的作品，但不能解释哪个地方写得好、写得好的原因是什么、符合了文学理论的什么规律。童庆炳在课堂上分析这些作品时，作家们听得两眼发光，津津有味。"创作美学"课程深深吸引了文学创作研究生班四十多位学生，几乎无人缺课。据何镇邦的回忆，童庆炳每次上课，简直就是研究生班的节日，学生们那种聚精会神听课的态度是别的课少见的[①]。童庆炳能够受到那些惯于挑剔又常常自负、藐视理论家的作家的如此礼遇，近乎不可思议，但这是事实。

余华是当代作家中思辨与感受兼长的一位，他对童庆炳的"创作美学"课程印象非常深刻。他说："童老师的课之所以吸引我们，我想主要有两点：第一点是童老师的教学风度，童老师上课从来不是强加给我们什么，而是用一种与学生讨论的方式上课。这不仅仅是我们班的学生这样认为，童老师其他的学生在毕业以后，也时常会和我谈起童老师平等待人的学术作风。第二点是童老师的学术风格，在我印象里童老师讲创作美学时，从来不说大话和空话，而是以严谨的逻辑和独特的感受吸引我们。这也正是童老师的学术基础，清晰的思辨和丰富的感受相结合；因此上童老师的课，我们不会因为过多的思辨缺乏感受而感到枯燥，也不会因为感受太多缺少思辨而感到凌乱。"[②]

毕淑敏当时是国内最著名的女作家之一，她从不缺课，是童庆炳记忆中最好的一个学生。在听童老师讲课时，她"常常泛起情不自禁的感动"，甚至将自

---

① 童庆炳：《维纳斯的腰带——创作美学》"序二"，上海文艺出版社2001年版，第4～5页。

② 余华：《思辨与感受结合》，《维纳斯的腰带——创作美学》"序三"，第11页。

已“弃医从文”的经历与童老师的课联系在一起。她说：“……童老师的课程，在我这一学生的人生道路选择和转变的过程中，起了重大的促进作用。我看到了一位杰出的文艺理论家的风度和修行，我被他对文学的执著和献身所激励。他使我感到了文学的美丽和魅力，使我在学习的过程中，渐渐地充实和自信。”在毕淑敏的眼中，童先生“把枯燥的文艺理论讲得流光溢彩，闪烁着湿润高贵的人性光芒。他以深刻的学养为经纬，在严谨的学术框架中，将各种生动的例子随手拈来，如同精致的小品，点缀在精工细作的博古架上，既浑然一体，又处处生辉”。她说：“只有真正的学者，才能将理论作这般大智若愚的表达，背后是举重若轻的内力和一种对文学的雄浑参透。”①

2006 年莫言返校与恩师合影

当然，逃课的情况偶尔也发生，比如莫言。但他十余年后回忆起来后悔不迭，说“逃童老师的课”是“一个重大的遗憾”。莫言坦言：“一般地来说，研究创作美学的书与作家的创作不会发生什么关系，作家更不会用创作美学来指导自己的创作。当年我之所以逃课大概也是存有这种心理。但在我毕业之后十几年的创作生涯中，逐渐地感到当初的认识是肤浅的。作家固然不是在学了创作美学之后才会创作，但一个已经有了一定的创作实践的作家了解一点创作美学，对于他今后的创作肯定是很有帮助的。我记得童老师在讲授‘形式情感和内容情感的互相冲突和征服’时，曾经举俄国作家蒲宁的小说《轻轻的呼吸》为例，来说明文学的内容和文学的形式之间的对抗所产生的审美愉悦。当时我就很兴奋，似乎感受到了一种伟大的东西，但朦朦胧胧，很难表述清楚。十几年来我

---

① 毕淑敏：《学者的天真》，《维纳斯的腰带——创作美学》“序三”，第 12 ～ 13 页。

经常地回忆起这堂课，经常地想起蒲宁这篇小说，每次想起来就产生一种跃跃欲试的创作冲动。我一直也弄不明白这堂课为什么让我如此难忘，直到近两年来，在我又一次进入了一个创作的旺盛期后，才省悟到，童老师这堂课里，实际上包含了一个小说秘诀，那就是：轻轻地说。”[①]

2012 年，莫言荣获诺贝尔文学奖。2013 年 1 月 22 日，莫言受聘为北京师范大学文学院教授，他在受聘仪式的致辞中说道：“老师就是老师，学生就是学生。在学生困难的时候，挺身而出；在学生取得荣誉的时候，退到身后。正是童庆炳先生的鼓励帮助，我得以完成硕士论文，可以在书的扉页上，写上自己是北师大文艺学硕士。”“在学生困难的时候，挺身而出”，这句话里包含一个故事：1988 年，莫言在学习期间跑回山东高密给家里修房，逃了四周的课。童老师的“创作美学”课也没有来，何镇邦老师打电话把莫言叫回北京。有的老师扬言要开除莫言的学籍，莫言紧张地来到童老师家，承认错误，表示愿意改正。童老师安慰他说：“开除一个学生是容易的吗？您的学籍在北师大，北师大开除一个学生要校务委员会通过。您放心好了，我给您顶住，您改正了，就没问题了。”由于童老师的支持和帮助，莫言顺利完成了毕业论文，拿到了北师大颁发的硕士学位。莫言获诺贝尔文学奖的消息传来，童庆炳特别低调，拒绝任何记者的采访，也拒绝写文章。在童庆炳看来，这是莫言个人不懈努力的结果，是莫言创作才华横溢的表现。童庆炳说，自己非常喜欢毛泽东的这句诗：“待到山花烂漫时，它在丛中笑。”作为莫言的导师，童庆炳此刻心里所有的就是“欣慰”二字而已[②]。

有人称，童庆炳是中国当代文坛的“教父”。童庆炳轻轻地说：“我只是他们父辈的指导教师。”

---

① 莫言：《轻轻地说》，《维纳斯的腰带——创作美学》“序三”，第 9 ～ 10 页。

② 安琪：《上课是人生的节日——北京师范大学童庆炳教授访谈》，《教师月刊》2013 年第 9 期。